kreativ sein kann jeder

 Windmühle GmbH / Verlag und Vertrieb von Medien / Hamburg

■ Otto Georg Wack
Georg Detlinger
Hildegard Grothoff

kreativ sein kann jeder

Kreativitätstechniken für Leiter von
Projektgruppen, Arbeitsteams, Workshops
und von Seminaren

EIN HANDBUCH ZUM PROBLEMELÖSEN

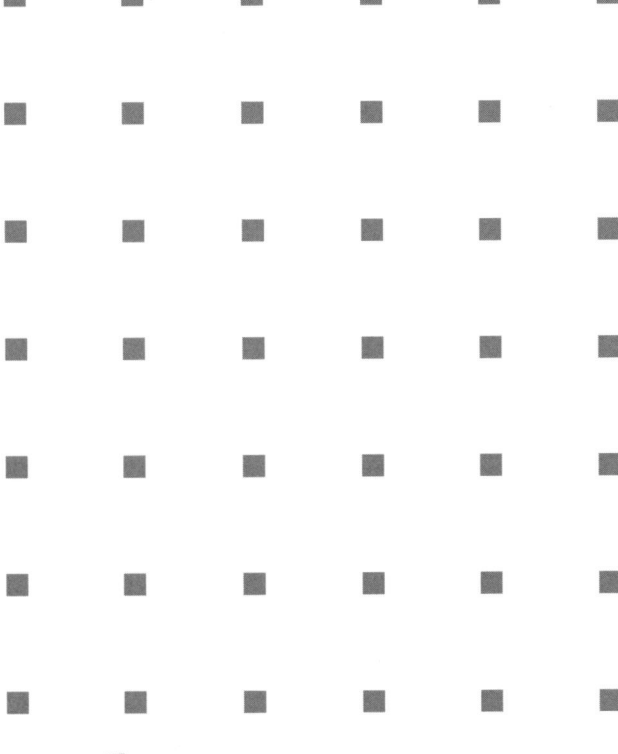

Windmühle GmbH / Verlag und Vertrieb von Medien

Die Deutsche Bibliothek – CIP-Einheitsaufnahme

Wack, Otto Georg:

Kreativ sein kann jeder: Kreativitätstechniken für Leiter von
Projektgruppen, Arbeitsteams, Workshops und von Seminaren;
ein Handbuch zum Problemlösen / Otto Georg Wack;
Georg Detlinger; Hildegard Grothoff. – 2. Auflage –
Hamburg: Windmühle Verlag und Vertrieb von Medien, 1998
ISBN 3-922789-42-0
NE: Detlinger, Georg; Grothoff, Hildegard

2. Auflage 1998
Alle Rechte vorbehalten
©1998 Windmühle GmbH,
Verlag und Vertrieb von Medien, Hamburg
Druck: Gulde-Druck GmbH, Tübingen
ISBN 3-922789-42-0

Inhalt

Vorwort

Kreativität klingt für viele wie ein Zauberwort. Es meint eine Fähigkeit, über die jeder gern verfügen möchte, vor allem dann, wenn es eine schwierige Aufgabe oder ein unliebsames Problem zu lösen gilt. Doch scheint uns oft gerade in solchen Augenblicken die Kreativität im Stich zu lassen.

Auch im beruflichem Alltag gibt es immer wieder Situationen, die ein flexibles und originelles Handeln oder Verhalten erfordern. Gute Einfälle sind gefragt: etwa, wenn ein neuer Titel gefunden werden soll, wenn die Arbeit im Team in eine Sackgasse gerät, wenn ein neues Produkt entwickelt werden soll. Jeder kennt eine Fülle solcher Beispiele.

Kreativität läßt sich nicht planen. Ein kreativer Einfall oder eine kreative Lösung zeichnen sich oft gerade dadurch aus, daß sie unvorhergesehen oder unvorhersehbar sind; unerwartet und vielleicht auch unverhofft sind sie da. Daher das Zauberhafte des Begriffes „Kreativität". Weshalb aber sind wir oft so wenig kreativ, vor allem in den Augenblicken oder Situationen, in denen wir es so sehr wünschen? Ist Kreativität wirklich ein Produkt des Zufalls? Kann sie geübt oder gar gelernt werden?

Die Kreativitätsforschung kann mancherlei Ursachen und Faktoren für Kreativitätsblockaden benennen: sozialer und psychischer Druck aus der Umwelt, Belohnung von Konformitätsverhalten, der Anspruch auf Unterordnung und Gehorsamkeit von Institutionen, die „Macht" der Routine und der festgefahrenen Strukturen, der Allwissenheitsanspruch der Experten, die Überbewertung des begrifflich-abstrakten Denkens usw. So erweisen sich Umwelt und Erziehung in mancherlei Hinsicht als kreativitätshemmend. Sie fördern beim einzelnen Menschen Eigenschaften und Verhaltensweisen, die gerade in den Situationen und Augenblicken, „wo guter Rat teuer ist", Kreativität blockieren: Angst vor abweichendem Verhalten, Angst Fehler zu machen, mangelnde Risikobereitschaft, Passivität und fehlende Initiative, Angst vor Veränderungen und Widerstand gegen Neues, mangelnder Mut zur Auseinandersetzung etc.

Die Kreativitätsforschung berechtigt aber auch zur Annahme, daß jeder Mensch kreativ sein kann. Das Maß, in dem er das eigene kreative Potential nutzt, hängt wesentlich von der durch Umwelt und Erziehung beeinflußten Persönlichkeitsstruktur und Persönlichkeitsentwicklung ab. Denn die kreativen Fähigkeiten eines jeden Menschen lassen sich, wie auch seine übrigen Fähigkeiten, entwickeln und fördern. In der Wechselwirkung von Mensch und Umwelt lassen sich die Bedingungen für kreatives Handeln verbessern, es gibt keine Einbahnstraße. Wichtig ist jedoch, daß die kreativitätshemmenden Strukturen, sei es im Menschen oder in der Umwelt, oft gibt es eine Entsprechung zwischen den beiden, an irgendeiner Stelle aufgebrochen und der „Teufelskreis" durchbrochen wird.

Mit der Herstellung des Zusammenhangs zwischen kreativem Verhalten und Persönlichkeitsstruktur oder -entwicklung ist ein hoher Anspruch formuliert: Bei der Entfaltung der kreativen Fähigkeiten geht es letztlich um einen Prozeß der Persönlichkeitsentwicklung. Diesen Zusammenhang im Auge zu behalten ist wichtig, nicht zuletzt auch deshalb, um den einzelnen Menschen vor mißbräuchlichem Einsatz oder Manipulation seiner Fähigkeiten zu schützen.

Es gibt aber auch Hilfsmittel, die kreatives Verhalten unterstützen und fördern können. Gemeint sind die Methoden der kreativen Ideenfindung und Problemlösung. Eine Arbeitsgruppe beim Landesinstitut für Schule und Weiterbildung hat sich damit ausführlicher befaßt. Sie ist der Frage nachgegangen, welche Methoden es derzeit gibt und welchen Nutzen sie bei Problemlösungen haben könnten. Neugier und das Interesse, die Arbeit im Alltag zu verbessern, aber auch Spaß waren die „Begleiter" dieser Erkundung. In vielen Seminaren wurden diese Methoden erprobt. Die Prüfung, so das Ergebnis der Arbeitsgruppe, war lohnend. Deshalb hat sie sich zu der vorliegenden Veröffentlichung entschlossen. Auf diese Weise sollen die erprobten Methoden der kreativen Ideenfindung und Problemlösung einer größeren Öffentlichkeit bekannt gemacht werden.

Der Schritt vom Vor-Urteil zum Urteil führt bekanntlich über das Prüfen. Wir möchten Sie aufrufen, den Nutzen der vorgestellten Methoden selber zu prüfen, mehr noch: selber zu erproben; sie ermuntern zur Nachahmung und zu ein bißchen Risikobereitschaft. Aber seien Sie versichert: Das Risiko hält sich in Grenzen.

Arthur Frischkopf
Landesinstitut für Schule und Weiterbildung, Soest

Einleitung

„Laßt uns träumen lernen" (August Kekulé). Ein solcher Ausspruch aus dem Mund eines Naturwissenschaftlers ist überraschend, läßt aber vermuten, wie der berühmte Chemiker zu seinen bahnbrechenden Erkenntnissen inspiriert wurde, nämlich nicht durch rationales, analytisches Denken. Er reiste in das Reich des bildhaften Denkens. In dieses Reich will auch das vorliegende Buch einladen, allerdings mit einer erprobten Reiseroute. Träumen kann jeder; wer hingegen die kreativen Impulse des Unbewußten mit in die Realität überführen und zu praktischen Lösungen umsetzen will, der braucht Strategien, die den Weg ins Unbewußte und auch aus dem Unbewußten wieder hinaus bahnen.

Die in diesem Buch vorgestellten Techniken zur kreativen Ideenfindung fördern bildhaftes Denken und schalten ideenhemmende Blockierungen bewußt aus, um phantasievolle und unkonventionelle Lösungsideen für den Alltag zu entwickeln. Die Anwendungsfelder für die Strategien zur Ideenfindung reichen von praktischen Problemen (Wie gestalten wir die Jubiläumsfeier?) bis zu visionär-strategischen Fragen (Ein Verkehrskonzept für das nächste Jahrhundert).

Die 18 Problemlösungsstrategien beruhen auf den Erkenntnissen der Kreativitätsforschung. Neu und praxisnah ist die systematisierte Darstellung jeder einzelnen Technik mit Zeitangabe, benötigten Materialien, detaillierter Durchführungsinstruktion, möglichen Einsatzbereichen sowie einer Bewertung der Technik. Ebenfalls neu und für den Praktiker außerordentlich hilfreich sind die authentischen Beispiele für jede einzelne Technik. Sie stammen aus Protokollen der Gruppensitzungen und wurden originalgetreu übernommen. Der Problemlösungsprozeß einer Kreativsitzung wird transparent, nachvollziehbar und erleichtert die Auswahl, für eine Fragestellung die entsprechende Kreativitätstechnik einzusetzen.

August Kekulé hat seinen Benzolring alleine entdeckt, diese Problemlösestrategien entfalten ihre größte Wirksamkeit erst in der Gruppe: durch gemeinsames Anregen, Finden und Weiterentwickeln von Ideen. Geistiges Eigentum gibt es in Problemlösungsgruppen nicht. Damit Gruppen überhaupt kreativ und arbeitsfähig sind, werden den Techni-ken der kreativen Ideenfindung methodische Hinweise vorangestellt, die für die Durchführung hilfreich sind. Sie beinhalten:

■ einen „Verhaltenskodex" für Kreativgruppen,
■ die Grundsätze für die Problemformulierung,

■ Hinweise zur Bewertung der gefundenen Ideen und
■ den Umgang mit Spontanlösungen.

Diese Verhaltensregeln liefern den Boden für eine methodisch saubere und damit erfolgversprechende Durchführung der Kreativitätssitzung.

Die Veröffentlichung ist als Handbuch für Leiter von Kreativgruppen gedacht, die hier die für ihre Sitzung passende Technik finden können. Den Abschluß des Buches bildet ein praxiserprobtes 3tägiges Seminarkonzept, das einen Leitfaden für Kreativitätstrainings bietet.

Diese Veröffentlichung ist aus verschiedenen Seminaren zu Methoden der kreativen Ideenfindung und vor allem aus der mehr als zweijährigen Zusammenarbeit in der Arbeitsgruppe „Kreativitätstechniken" entstanden. Ohne die Begeisterung der Seminarteilnehmer und ohne das Engagement der Arbeitsgruppenmitglieder wäre dieses Buch nicht so gelungen, dafür danke ich.

Ich möchte auch Hildegard Grothoff und Georg Detlinger erwähnen, die mit mir dieses Buch zusammengestellt und geschrieben haben. Ihr großer Einsatz und ihr kritisches Engagement haben dazu beigetragen, daß dieses Buch erscheinen kann. Dafür herzlichen Dank und die Hoffnung auf eine weitere gute Zusammenarbeit.

Und schließlich möchte ich noch den Mitarbeiterinnen der Windmühle GmbH, insbesondere Doris Röschmann und Kathrin Somann danken. Sie lieferten wertvolle neue Anregungen und sorgten so für eine Bereicherung des ursprünglichen Manuskriptes.

Otto Georg Wack

Kapitel 1
Anmerkungen zum Phänomen Kreativität

1.1 Was ist Kreativität?

Jung ist er, leicht geht er von der Zunge, schnell wird er gefordert, vielfach schillert er – der Begriff Kreativität. Ob er im Bereich der Bildung, der Arbeitswelt, des Alltags, der Kunst oder der Psychologie verwendet wird, jeder versteht darunter etwas anderes. So verwundert es nicht, wenn auch Wissenschaftler zugeben, daß sich Kreativität nicht endgültig definieren läßt.

Uns scheint – angesichts dieser schillernden Unfaßbarkeit von Kreativität in Alltag und Berufsleben – ein erlebnisorientierter Zugang weiterzubringen, nämlich Kreativität mit Hilfe von Metaphern zu beschreiben. Für uns ist kreativ sein z.B. wie

...die erste Wunderkerze im Leben,

...ein Feuerwerk anzünden,

...ein schillernder Regenbogen,

...eine Wunderkerze zum Sternsprühen bringen,

...das disziplinierteste Durcheinander,

...eine Befreiung aus der Zwangsjacke...

Wenn sich auch diese Metaphern eher auf den Prozeß des Kreativseins als auf den Begriff Kreativität selbst beziehen, so lassen sich doch einige gemeinsame Merkmale in ihnen erkennen. Einmal fällt das Sprühende, Farbige, das Nicht-Alltägliche, aus dem Gewohnten Ausbrechende und Befreiende in diesen Beschreibungen von Kreativität auf, oder die Originalität, die Überwindung der gewohnten Sachzwänge, die subjektive Kostbarkeit. Ebenso deutlich wird aber auch die Vereinigung von Widersprüchen als Kennzeichen von Kreativität. Die Hälfte aller gefundenen Metaphern enthält solche mehr oder weniger auffallenden Widersprüche. Charakteristisch für Kreativität ist demnach auch das konstruktive In-Beziehung-Setzen von Widersprüchen, das systematische Suchen nach gemeinsamen Nennern, die Neukombination von bekannten, aber noch nicht miteinander verknüpften Denkelementen. „Umstrukturierung" ist eines der wichtigsten Prinzipien der kreativen Ideenfindung.

Dieses Aufsplitten in Elemente, Neuverknüpfen, Umstrukturieren, dieses Umbilden von Wirklichkeiten zu neuen Beziehungen bezeichnen wir als Prozeß. Geht es darum, Kreativität im Arbeitsalltag einzusetzen, um neue Ideen freizusetzen, um Probleme zu lösen, sprechen **11** wir von einem Problemlösungsprozeß. Um sich auf diesen Prozeß einzulassen, muß man frei, unbelastet und unvoreingenommen das Unmögliche denken können. Diese Freiheit ist nicht automatisch vorhanden oder bei Bedarf in einer Problemlösungssitzung abrufbar. Wir sind durch unsere tägliche Routine eher blockiert. Kreative Fähigkeiten lassen sich aber entwickeln. Kreativitätstechniken helfen Ihnen dabei.

Ein solches Verständnis von Kreativität ermöglicht es, Ergebnisse der Kreativitätsforschung besser einzuordnen und zu akzeptieren: nämlich daß jeder Mensch kreativ sein kann. Kreative Fähigkeiten lassen sich ebenso wie intellektuelle und körperliche entwickeln und trainieren, auch wenn sie durch Umwelt, Erziehung und die von beiden vermittelten Wertesysteme, durch Sprache, durch Konventionen und vorherrschende Denk- und Arbeitsformen oft nicht zur Ausbildung kommen. Die Kunst der Umgestaltung kann gefördert und geübt werden, man kann sie sogar systematisch provozieren.

Kreativität als Umstrukturierung macht auch plausibel, daß kreative Leistungen nicht aus dem Nichts stammen, sondern auf Vorhandenem aufbauen. Immer wieder wird in der Forschung der Zusammenhang von Wissen, d.h. der Summe der vorhandenen Erkenntnisse und Erfahrungen, und Kreativität hervorgehoben. Auch die Tatsache, daß bei der Anwendung von Kreativitätstechniken der Problemformulierung ein breiter Raum eingeräumt wird, weist auf diesen Zusammenhang hin.

In der Auffassung von Kreativität als Umgestaltung/Umstrukturierung ist bereits jene Dialektik und Widersprüchlichkeit enthalten, die sich schon in den Metaphern für Kreativsein zeigte. Jede Neukombination erfordert, daß man zunächst vorhandene Formen, Strukturen, Abläufe, Prinzipien, Werte, Kriterien, Urteile, Klischees oder Bedingungen usw. aufhebt, sich also destruktiv verhält, um so zu anderen Formen oder Verknüpfungen zu kommen und neue, bisher nicht versuchte Problemlösungen zu erarbeiten. Es gilt, das Bewährte, die traditionellen Denkwege und Verhaltenswege außer Kraft zu setzen und alternative Ideen und Handlungsmöglichkeiten zuzulassen und zu erspüren. Altes wird beiseite gestellt, aber auch stets Neues an seine Stelle gesetzt. Dieses Prinzip läßt sich im methodischen Vorgehen innerhalb der einzelnen Kreativitätstechniken deutlich nachweisen. Man konzentriert sich auf die rationale Durchdringung eines Problems, um später gerade aus dem emotionalen Bereich heraus Ideen zu entwickeln (Synektik). Man schaltet jegliche Kritik bei der Ideensuche aus, um später eine besonders strenge Bewertung hinsichtlich der Brauchbarkeit der entwickelten Einfälle durchzuführen. Man geht in der Problemanalyse eine Frage direkt und ohne Umschweife an und analysiert sie, um später neue Lösungen über die Entfernung von dieser Frage, über scheinbare Umwege zu entwickeln.

Für alle kreativen Problemlösungstechniken gilt, daß der Prozeß als Ganzes streng systematisch aufgebaut ist und auch eingehalten werden sollte. Innerhalb der einzelnen Stufen herrscht völlige Freiheit im vorgegebenen Rahmen.

Kreative Ideen

Wann ist eigentlich ein Ergebnis kreativen Tuns originell oder neu? Da sich Kreativität nicht endgültig definieren läßt, bietet es sich an, Originalität und Neuheit einer Idee situationsspezifisch zu bewerten. Auch dort, wo bereits vorhandene Ideen auf neue Situationen übertragen werden, handelt es sich um kreatives Verhalten. Außerdem muß eine Idee relevant sein, d.h. von den betroffenen Personen als sinnvoll für eine Problemlösung wahrgenommen werden (siehe Preiser, S.5f). Kreative Ideen, die nicht akzeptiert werden, nicht als sinnvoll betrachtet werden, sind auch (noch?) nicht angemessen. Für sie ist die Zeit noch nicht reif. Damit wird die Beurteilung der Ergebnisse kreativer Prozesse von strukturellen, institutionellen und ideologischen Vorstellungen abhängig, die bestimmen, was angemessen und sinnvoll ist. Wie diese Abhängigkeit akzeptabel gehalten werden kann, muß im einzelnen geklärt werden. Es scheint aber, daß gerade der Wertpluralismus hier eher Chancen eröffnet, die auch in Kreativitätsgruppen genutzt werden sollen.

1.2 Der kreative Prozeß

Wenn man sich mit autobiografischen Berichten von Wissenschaftlern beschäftigt und überlegt, wie ihre kreativen Leistungen zustandekamen, dann fällt auf, daß diese Leistungen nicht blitzartig oder überfallartig erbracht wurden, sondern daß sie in einem zeitaufwendigen, längeren Prozeß entstanden sind und daß dieser durch fast immer in ähnlicher Weise auftauchende Elemente gekennzeichnet ist. Diese Elemente sind:
■ die intensive Beschäftigung mit einem Problem
■ die Entfernung von einem Problem
■ das spontane Auftauchen einer Lösungsidee
■ die Ausarbeitung dieser Idee.
In der Literatur zu kreativen Prozessen ist immer wieder versucht worden, diese Elemente in einzelne Phasen stärker oder schwächer zu zergliedern. Einen solchen Phasenablauf von Prozessen kreativer **13**

Ideenfindung beschreiben wir hier. Er enthält möglichst viele gemeinsame Elemente der zahlreichen Phasenmodelle von Kreativität, und er läßt sich mit gewissen Abwandlungen beim methodischen Ablauf aller Kreativitätstechniken wiederentdecken. Innerhalb eines Prozesses kann es durchaus zum Springen zwischen den Phasen kommen oder zu einem mehrmaligen Durchlaufen einzelner Phasen.

Phase
Problematisierung

Hier wird das Problem erkannt, identifiziert und zunächst einmal vorläufig formuliert. Das kann aufgrund von zu lösenden Aufgaben, durch entdeckte Widersprüche, durch Bedürfnisse, Motive, kognitive Dissonanzen geschehen.

Phase
Exploration

In dieser Phase wird das Problem unter verschiedenen Aspekten genauer analysiert. Es werden viele Informationen zusammengetragen, die sich auf das Problem beziehen. Es gilt, alle spontanen Problemlösungen zu sammeln. Ebenfalls in diese Phase gehört eine mögliche Neuformulierung der Probleme, die aufgrund der genaueren Problemanalyse auch geleistet werden kann. Solche Neuformulierungen helfen oft, das Problem auf den Punkt zu bringen, die Überschneidung mehrerer Problemaspekte zu vermeiden und eine klare Vorstellung von der jeweils zu lösenden Frage bei allen Teilnehmern am Kreativprozeß herzustellen. Hier entscheidet sich oft, ob es überhaupt gelingt, eine kreative Lösungschance zu eröffnen, oder ob das Problem auf einer Stufe verharrt, die eine kreative Lösung verhindert.

Phase
Inkubation

Die Inkubation ist die am wenigsten erforschte Phase des kreativen Prozesses. In ihr entfernt sich der Kreative vom Problem bzw. verneint das Problem. Diese Entfernung oder Verneinung wird in den einzelnen Kreativitätstechniken auf unterschiedliche Art erreicht:
■ Man beschäftigt sich bewußt mit Themen bzw. Gegenständen, die nichts oder scheinbar nichts mit dem Problem zu tun haben, z.B. Zufallswörtern, Lexikaartikeln, Bildern, geistigen Bildvorstellungen usw.

14

■ Man verneint das Problem, indem man bestimmte Bedingungen aufhebt, die kritische Korrektur an der Realität ausschaltet oder es in sein Gegenteil verwandelt.

■ Man geht auf Umwegen mit dem Problem um, z.B. durch die Bildung von Analogien oder durch die Beschäftigung mit Aspekten der Umgebung des Problems.

■ Man löst sich aus dem vorherrschenden rationalen, begrifflichen, verbal geprägten Denken und benutzt sein bildhaftes Denken, das von visuellen Vorstellungen, bildhaften Gedankenspielereien, halbbewußten Träumereien beherrscht wird. Es geht in erster Linie nicht mehr um eine präzise Analyse von Elementen eines Sachzusammenhanges, sondern um die mit ihm verbundenen Phantasien, Gefühle, Veränderungswünsche und Bilder, die aktiviert werden (Quiske u.a., S. 82f). Dieses wird besonders deutlich in den Techniken der Identifikation und der Synektik.

Gerade die Phase der Entfernung vom Problem ist von vielen Wissenschaftlern und Künstlern immer wieder beschrieben worden, weil hier der Ausbruch aus den gewohnten Denkmustern erfolgt und die Regression vom Wort zum Bild schöpferische Impulse auslöst, die sonst nicht möglich wären.

Phase
Illumination/Synthese

Die Inkubationsphase produziert, bildlich oder vorbewußt, ohne die alltäglichen Beschränkungen das Material, in dem Lösungsansätze vorhanden sind. Sie endet häufig mit dem Erlebnis spontan auftauchender Lösungsmöglichkeiten und wird als erleichternd und entspannend erlebt (Illumination). Dieses Erlebnis, Lösungsansätze zu finden, erscheint oft überraschend, zufällig, wie eine von außen kommende Erleuchtung.

Phase
Elaboration

Die gefundenen Lösungsansätze bedeuten meist noch nicht die völlige Lösung eines Problems. Oft sind es nur Lösungsumrisse oder Lösungsteile. In der Elaboration werden die Lösungsansätze systematisch ausgearbeitet. Sie werden auf die Brauchbarkeit, Realisierbarkeit und ihre Konsequenzen hin überprüft. Mehrere Lösungsansätze werden oft zu einer Gesamtlösung verbunden.

1.3 Prinzipien kreativer Ideenfindung

Bei allen Kreativitätsmethoden werden gegensätzliche Fähigkeiten und Handlungen angesprochen. Sie sind abhängig von den verschiedenen Situationen und Phasen des kreativen Prozesses. So wird in der Phase der Elaboration logisches, folgerichtiges Denken, Selektieren und Schlußfolgern im Vordergrund stehen, wie auch planendes, ordnendes und antizipatorisches Denken, bei dem die Auswirkungen einkalkuliert sind.

In der eigentlich kreativen Phase, der Inkubation, steht das mehrgleisige, divergierende Denken oder das intuitive, sprunghafte Vorgehen im Vordergrund.

Welche Prinzipien werden nun angewendet, um neue Verknüpfungen für Fragestellungen zu finden?

Wir nennen einige Denkprinzipien, die den Inkubationsprozeß anregen und fördern. Diese Prinzipien stellen praktisch das didaktische Gerüst aller Kreativitätstechniken dar.

Kreativität wird angeregt und gefördert durch:

■ Aktivierung möglichst vieler Aspekte, Informationen, Hinweise etc., die mit dem Problem verbunden sind. Über die Regel der Trennung zwischen Ideensammlung und Bewertung werden die alltäglichen, verfestigten Denkmuster überwunden und ungewöhnliche, „wilde" Assoziationen zugelassen (Beispiel: Brainstorming).

■ Ideentausch mit anderen aus der Gruppe. Kreativitätsmethoden leben vom Team. Es sammelt kritiklos und wertfrei Einfälle. Jeder kann an geäußerte Ideen anknüpfen und diese weiterentwickeln. Die positiven Seiten einer Idee werden schneller sichtbar und lassen neue Denkansätze zu: Neue Lösungsansätze wären ohne die Gruppe nicht entwickelt worden (Beispiel: Brainwriting).

■ Betrachtung von Situationen unter neuen Aspekten bzw. Perspektiven. Dies kann als Umkehrung eines Sachverhaltes, als Veränderung der Reihenfolge, durch die Sicht einer anderen Person, durch Übersetzung in eine andere Sprache usw. erfolgen (Beispiel: Kopfstandtechnik, Suchfeldauflockerung).

■ Veränderung des Kontextes, in dem das Problem steht, z.B. Versetzung an einen anderen geografischen Ort oder in eine andere historische Umgebung, Veränderung der finanziellen oder materiellen Einschränkungen (Beispiel: Imaginäres Brainstorming)

■ systematische Kombination verschiedener Grundelemente, Eigenschaften, Merkmale etc. (Beipiel: Morphologischer Kasten, Forced Relationship)

■ Suche von Analogien, also Bildern, Vorgängen, Abläufen etc. aus einem anderen Bereich, die dem zu lösenden Bereich ähnlich sind.

Zwar sind Analogien nie ganz identisch mit dem vorhandenen Problem, aber aus dem Vergleich kann Charakteristisches, nicht Übertragbares, aber auch Vergleichbares herausgearbeitet, und so können neue Anregungen gewonnen werden (Beispiel: Analogietechnik).

■ Verknüpfung des Problems mit völlig fremdartigen Informationen wie Reizwörtern, Fotos, imaginären Bildern (Beispiel: Superposition, Bisoziation und Visuelle Synektik)

■ bewußte Simulation des sonst unbewußt ablaufenden kreativen Prozesses, vor allem des vorbewußten Denkens in Bildern. Man entfernt sich vom Problem durch visuelle, kinetische oder auditive Gedankenspielereien, um das vorbewußte Denken systematisch zu stimulieren (Beispiel: Synektik).

■ Identifizierung mit einem Gegenstand, einer Person, einem Tier etc. Auch bei diesem Vorgehen werden unbewußte Zusammenhänge hergestellt und Probleme unter neuen Aspekten betrachtet (Beispiel: Identifikationsmethode).

■ Verwendung verschiedener heuristischer Prinzipien, die helfen, ein Problem systematisch unter verschiedenen Aspekten zu betrachten und zu verändern. Dies erfolgt z.B. anhand einer Liste mit verschiedenen manipulativen Verben wie vergrößern, verkleinern, umformen usw.; durch den Einsatz neuer Grundprinzipien; durch die Umkehrung eines Vorganges (Beispiel: Checklistenverfahren, Stopp-Technik, semantische Intuition).

■ Symbole, die das Problem veranschaulichen sollen, z.B. Tiere und Gestalten, Metaphern, Allegorien, ein Motto, einen gegensätzlichen Buchtitel etc. (Beispiel: Metapherübung, verfremdete Analogien).

Wir möchten betonen, daß alle diese Prinzipien für neue Verknüpfungen außerordentlich hilfreich sind. Sie sollen durch Verfremdung, Verblüffung, durch Ablenkung, durch Ausschaltung von Kontrollmechanismen, durch Öffnung neuer Perspektiven, durch temporäre Regression zum bildhaften Denken aus dem Korsett der alltäglichen Denkmuster, Gewohnheiten und Routine herauslösen. Damit können Wahrnehmungsblockaden und Begriffskäfige überwunden werden, und es eröffnen sich neue Sichtweisen von Problemen, die zu originellen und alternativen Problemlösungen führen.

1.4 Kreativitätstechniken und Gruppe

Die hier beschriebenen Kreativitätstechniken sind in erster Linie Gruppentechniken, d.h., sie entfalten ihre größte Wirksamkeit erst dann, wenn sie in kleinen Gruppen von ca. 4-8 Personen praktiziert werden. Dies gilt es noch etwas näher zu erläutern.

Ein Grund, warum Gruppen oft kreativer arbeiten, ist bereits genannt worden: Da es in einer Gruppe kein geistiges Copyright gibt, werden die einzelnen Mitglieder ständig mit den Ideen und Vorstellungen anderer Mitglieder der Gruppe konfrontiert, die zur Entwicklung weiterer und anderer Ideen, aber auch zur Weiterentwicklung bereits vorhandener Ideen führen. Dies gilt um so mehr, je heterogener die Erfahrungsbereiche und die Denkansätze der beteiligten Guppenmitglieder sind. Typische Denkblockaden, wie sie unter ähnlich denkenden Spezialisten eines Lebens-, Alltags- oder Wissensbereiches häufig vorkommen, können in heterogenen Gruppen leichter erkannt und überwunden werden. Die Konfrontation unterschiedlicher Betrachtungsweisen führt zur Auflösung von vorgegebenen Denkmustern und erleichtert bzw. fördert die Entwicklung origineller, ungewöhnlicher Lösungsansätze mit Hilfe der praktizierten Kreativitätstechniken.

Viele der Probleme, die sich heute auch in der Weiterbildung stellen, sind sehr komplexe Probleme. Lösungen für solche Probleme können deshalb oft nur dann als adäquat gelten, wenn sie die Vielzahl der Konsequenzen, die ein Lösungsversuch nach sich zieht, mitbedenken. Das heißt, daß heute bei der Lösung von Problemem ein systemisches Denken, ein Denken in vielen Vernetzungen, in denen ein Problem verankert ist, erforderlich wird. Ein solches Denken kann sicher eine Gruppe mit Mitgliedern unterschiedlicher Betrachtungsweisen und unterschiedlicher Erfahrungspotentiale eher leisten als eine einzelne Person allein. Das gilt für alle Phasen eines Problemlösungsprozesses.

Gruppen ermöglichen es, Expertenblockaden, die durch die Fixierung auf Detailaspekte entstehen, aufzulösen. Sie fordern Kommunikation, z.B. bei der Analyse des Problems und der Problemformulierung. So wird die übliche Form der bloßen Stellungnahme und der damit verbundenen Verengung des Problemlösungsansatzes auf die eigene Sicht, das eigene Fachgebiet, die eigene Erfahrung vermieden. Es kommt zu einer gemeinsamen Problemklärung, einer gemeinsamen Problemlösungssuche und einer gemeinsamen Bewertung der Lösungsideen mit der Aussicht auf eine adäquatere Lösung des Problems.

In einer Kreativitätsgruppe versuchen Menschen mit unterschiedlichen

Persönlichkeitsmerkmalen gemeinsam neue Lösungsansätze für

gegebene Problemsituationen zu entwickeln. Dies muß als eine sehr günstige und effektive Lernsituation angesehen werden, da jedes Mitglied erlebt, wie sich andere einem Problem nähern, wie sie das Problem analysieren, welche Aspekte und Erfahrungen man selbst bisher nicht beachtet hat. Die Effektivität dieser äußerst demokratischen Lernsituation kann noch dadurch gesteigert werden, daß sich die Kreativitätsgruppe gegenseitig ermuntert, auch angeblich beschränkte Sichtweisen zu äußern, denn Hemmungen vor „falschen" Aussagen nehmen die Chance, das vorhandene Potential voll auszuschöpfen.

In der Gruppe wird man sich der beschränkten eigenen Sichtweise von Problemen eher bewußt, da man sich in einer ständigen Lernsituation befindet. Aber durch die Überwindung der alltäglichen Kontrollinstanzen mit Hilfe der Kreativitätstechniken ist man in der Lage, originelle, ungewöhnliche Ideen zu entwickeln, die man sonst abgewehrt oder verdrängt hätte. Gleichzeitig profitiert der einzelne vom Gesamtpotential der Gruppe und überschreitet so den eigenen Erfahrungshorizont. So ist er in der Lage, die eigene Kreativität freizusetzen.

Schließlich sei noch darauf hingewiesen, daß Entscheidungen, die über das Durchlaufen eines gemeinsamen Problemlösungsprozesses, also z.B. durch die Arbeit in einer Gruppe mit Hilfe der hier beschriebenen Kreativitätstechniken, entstanden sind, eher akzeptiert und auch verwirklicht werden als solche, die verordnet wurden. Die Beteiligten haben an der Erarbeitung einer Lösung mitgewirkt und können sich so eher mit ihr identifizieren.

Kreativitätsblockaden und kreativitätsfördernde Fähigkeiten

Wie gesagt, jeder Mensch hat kreatives Potential, das sich systematisch fördern und entfalten läßt. Leider aber wird von der Fähigkeit, kreativ zu sein, nur selten Gebrauch gemacht. Dies läßt sich im wesentlichen auf die wenig kreativitätsfördernde Umwelt, Erziehung und Ausbildung in unserer Gesellschaft zurückführen.

Zum Nachdenken über Kreativitätsblockaden und kreativitätsfördernde Fähigkeiten soll das folgende Schema anregen, das einige Forschungsergebnisse und Beobachtungen aus Kreativitätstrainings zusammenfaßt.

Kreativitätsblockaden

Impulse aus der Umwelt (sozialer Druck)	führen zu →	Verhaltensweisen, die das kreative Potential blockieren

Impulse aus der Umwelt (sozialer Druck)

Gehorsamkeitsanspruch von Vorgesetzten, Eltern

Autoritäres Führungsverhalten

Überhäufung mit Routine- und Detailarbeiten

Allwissenheitsanspruch des Experten

rationales, verbales Denken

sofortige Bewertung der Ideen

Betonung des Sicherheitsaspektes

Forderung nach geschlechtsspezifischem Verhalten

Verhaltensweisen, die das kreative Potential blockieren

Passivität

mangelnde
- Risikobereitschaft
- Motivation
- Flexibilität
- Initiative

Angst
- vor abweichendem Verhalten
- Fehler zu machen
- vor Konflikten
- sich lächerlich zu machen

Widerstand gegen Änderungen, Vertrauen in Expertenwissen

Abb.1: Kreativitätsblockaden nach F. H. Quiske

Kreativitätsfördernde Verhaltensweisen und Eigenschaften

- 😃 Offenheit und Toleranz
- 🙂 Kritik- und Konfliktfähigkeit
- 😃 Problemsensibilität
- 🙂 Flexibilität und Originalität
- 😃 Mut zu unkonventionellen Lösungsideen
- 🙂 Risikobereitschaft / Leistungsbereitschaft
- 😃 Neugier und Initiative
- 🙂 Fähigkeit zum "vernetzten Denken"
- 😃 Sensibilität für eigene Denkprozesse

Abb. 2: Kreativitätsfördernde Verhaltensweisen und Eigenschaften **21**

Kapitel 2
Mit kreativen Gruppen erfolgreich arbeiten

2.1 Spielregeln für kreative Gruppen

Der Versuch, mit Hilfe von Kreativitätstechniken neue, originelle Lösungsansätze zu entwickeln bzw. vorhandene Lösungsideen weiter auszubauen, erfordert nach unserer Erfahrung bestimmte Verhaltensweisen, die die Phantasie anregen und Kreativiätsblockaden verhindern. Diese Verhaltensweisen fassen wir als Spielregeln für kreative Gruppen zusammen. Sie gelten für alle Kreativitätsgruppen, unabhängig davon, welche Methode oder Technik gerade angewendet wird. Da wir häufig uns selbst und auch andere Kollegen daran erinnern müssen, diese Spielregeln konsequent einzuhalten, um nicht die eigene Kreativität zu blockieren, möchten wir hier zum wichtigen Leitsatz erheben: Jeder Moderator einer Kreativitätsgruppe muß die strikte Einhaltung der Spielregeln sicherstellen, um brauchbare Lösungsvorschläge mit dem Team erarbeiten zu können.

Regeln

Quantität geht vor Qualität.
Bei allen Kreativitätsgruppensitzungen geht es darum, möglichst viele Ideen zu produzieren. Dies bedeutet u.a., nicht die Ideensuche sofort zu beenden, wenn der Ideenfluß geringer wird. Häufig werden nämlich naheliegende Einfälle schnell genannt, dann fließen die Ideen zäher. Aber erst wenn die vordergründigen, eher auf der Hand liegenden Gedanken formuliert sind, man sich von bekannten Denkmustern befreit hat, wird Raum geschaffen für neue, originelle Einfälle und Verknüpfungen. Zielsetzung: Je mehr Ideen gefunden werden, desto größer ist die Chance, daß eine wertvolle Anregung darunter ist.

Alles ist erlaubt.
Bei der Suche nach Lösungsansätzen sollten keine äußeren oder inneren Beschränkungen zugelassen werden. Alle Lösungsideen, die einem einfallen, seien sie noch so abenteuerlich, falsch oder lächerlich, sollten genannt werden. Gerade sogenannte „wilde Gedankenflüge", vermeintlich „unsinnige" Einfälle, enthalten oft wertvolle Lösungskerne, die später von der Kreativitätsgruppe weiter ausgearbeitet werden können. Dazu gehört auch, daß sich Ideen über ver-

meintlich bestehende vernünftige bzw. logische oder moralische Grundsätze hinwegsetzen. Nur weil jemand eine solche Idee genannt hat, blamiert er sich nicht.

Es gibt kein geistiges Eigentum.
Kreativit kommt niemals aus dem Nichts, sie baut auf Vorhandenem auf, braucht die Anregung von anderen. Daher gilt bei der Verwendung von Kreativitätstechniken, daß niemand seine Einfälle zurückhalten sollte. Es ist erwünscht, positive oder interessante Aspekte aus Lösungsideen anderer selbst aufzugreifen und für eigene Lösungsansätze zu nutzen. Die Ideen anderer provozieren zu eigenen Einfällen. So kann die Kreativitätsgruppe gemeinsam zu neuen und phantasievollen Lösungen gelangen.

Trenne die Ideensuche von der Ideenkritik.
Kritik ist verfemt. Diese Regel ist am schwersten einzuhalten. Wir alle sind gewohnt, neue und originelle Ideen sofort kritisch zu bewerten, oft mit Hilfe sogenannter Killerphrasen. Nun ist aber schon lange bekannt, daß bei der Suche nach Problemlösungen die unmittelbare Kritik an einer gefundenen Lösungsidee zur Ideenblockade führt. Werden dann nur „vernünftige" Ideen produziert, fallen gerade neue, erfolgversprechende, originelle Einfälle unter den Tisch, da sie meist noch nicht ausgereift sind und erst noch vollständig entwickelt werden müssen. Deshalb ist es beim Einsatz von Kreativitätstechniken wichtig, bei der Ideensuche jegliche Kritik zu unterbinden und besondere Bewertungsphasen einzuplanen.

Einfälle nicht zerreden.
In der Sammelphase von Einfällen sollten Ideen nur kurz beschrieben werden. Dabei sind ein hohes Tempo, kurze, knappe Formulierungen und das Anhören aller Beteiligten erforderlich. Werden Ideen breit ausgewalzt, wird der Ideenfluß gestoppt. Es sollte auch deutlich und nicht durcheinander geredet werden. Es muß Zeit vorhanden sein, alle Ideen schriftlich festzuhalten.

Halte den formalen Rahmen ein.
Der Wert vieler Kreativitätstechniken erschließt sich oft erst vollständig, wenn der formale Rahmen bzw. der empfohlene Ablauf eingehalten wird. Es hat sich in unserer Arbeit mit den unterschiedlichsten Kreativitätstechniken sogar herausgestellt, daß die Chancen, ungewöhnliche Lösungsansätze für ein Problem zu erhalten, deutlich um so größer waren, je formaler der äußere Rahmen eingehalten wurde. Dieser Rahmen ermöglicht es den Teilnehmern viel leichter als sonst, die Denkweise „Es geht alles" zu akzeptieren.

Verbotene Killerphrasen

Daraus wird nie etwas!

Ja, aber...

Das haben wir schon alles versucht!

Das läßt sich bei uns nicht machen!

Das geht nicht, weil...

Die Experten denken darüber ganz anders!

Sie übersehen aber, daß...

Wie wollen Sie das machen?

Wer soll das bezahlen?

Dazu ist die Zeit noch nicht reif!

Die Praxis sieht ganz anders aus!

Es weiß doch jeder, daß...

Das ist viel zu teuer!

Das haben wir schon einmal probiert!

Das muß man erst juristisch absichern!

Meine Meinung steht fest!

Vielleicht später, wir kommen darauf noch einmal zurück.

usw.

Abb. 3: Killerphrasen, sie blocken jeden Ideenfluß

Killerphrasen sofort abblocken.

Bestimmte Phrasen killen jeden Ideenfluß und lassen sich von vornherein vermeiden, wenn man sie, auf einem Plakat zusammengefaßt, im Seminarraum aufhängt. Solche Killerphrasen können auch nachträglich ergänzt werden. Planen Sie dafür noch Freiraum ein.

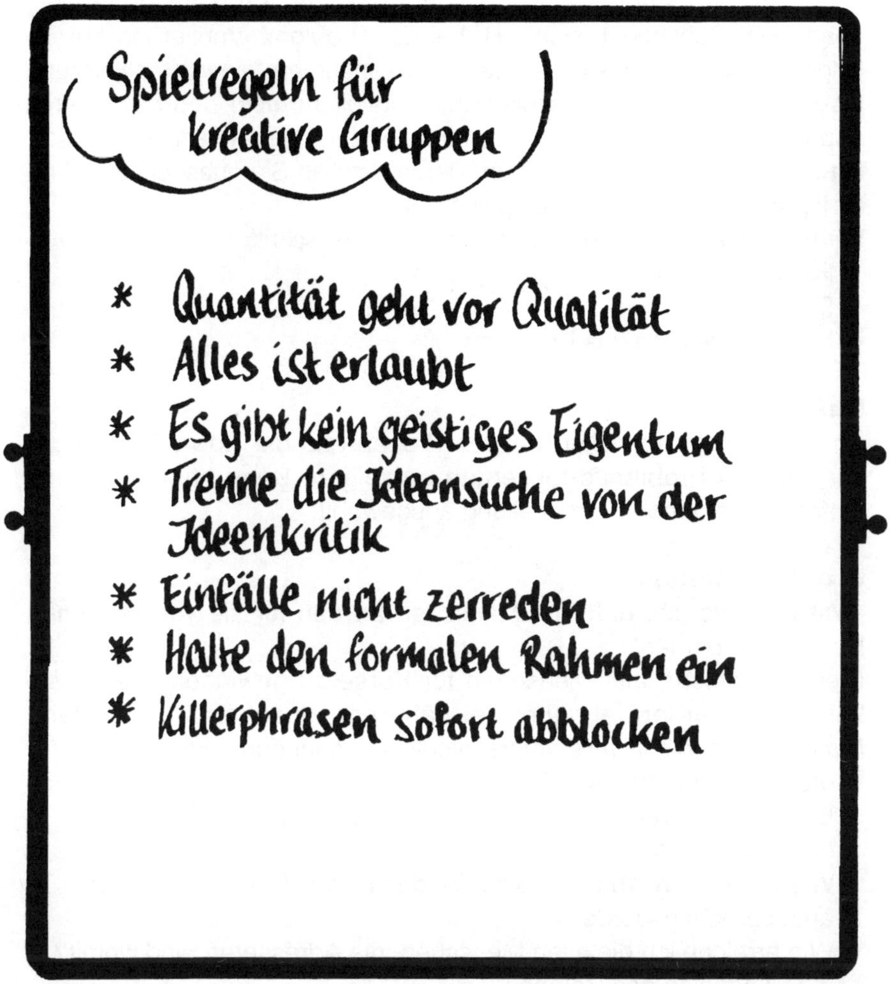

Abb. 4: Spielregeln für Gruppen

Um Störungen von vornherein zu vermeiden, geben wir folgenden Tip für den Gruppenleiter oder Moderator:

Hängen Sie die Spielregeln für Ihre kreative Gruppe gut sichtbar auf und lassen Sie sie auch bis zum Schluß der Sitzung an diesem Platz.

2.2 Die Kunst der Problemformulierung

Eine für alle verständliche und klare Problemformulierung entscheidet über Erfolg und Mißerfolg einer Kreativsitzung. Hier wird sichergestellt, daß alle Gruppenmitglieder von dem gleichen Problemverständnis ausgehen. Schleichen sich z.B. bei der Problemformulierung bereits Ungenauigkeiten ein, existiert bei den Teilnehmern einer Kreativsitzung als Folge eine total unterschiedliche Vorstellung über den besonderen Aspekt des Problems, auf den es in der Sitzung gerade ankommen soll. Mit der richtigen Problemneuformulierung stellen Sie quasi die Weichen für künftige brauchbare Lösungsansätze.

Wir unterteilen die Problemformulierung in drei Schritte:

■ Problemstellung
■ Problemklärung
■ Neuformulierung des Problems.

Beispiel

An einem Beispiel wollen wir den Prozeß und die Notwendigkeit der sorgfältigen Problemformulierung aufzeigen. Dazu haben wir eine einfach scheinende Fragestellung ausgewählt.

Problemstellung

„Wie erreiche ich, daß alte Menschen an den für sie vorgesehenen Kursen teilnehmen?"

Dieses Problem, alte Menschen für Kurse zu gewinnen, die für sie konzipiert wurden, entfaltet bei näherem Hinsehen verschiedene Dimensionen, die jeweils unterschiedliche Lösungen verlangen:

■ die Dimension der Werbung
   Es kann die Frage der Ankündigung gemeint sein, und zwar in doppelter Weise:
   Wie muß die Werbung aussehen, damit alte Menschen von ihr angesprochen werden?
   Wie erreiche ich die alten Menschen, die Adressaten, und womit?
■ die Dimension des Raumes
   An welchen Orten können die Kurse unter welcher Leitung stattfinden?
   Evtl. Treffpunkte von Senioren berücksichtigen.
■ die Dimension des äußeren Rahmens
   Wie müssen die Räumlichkeiten und das Umfeld aussehen, damit sich die alte Menschen wohl fühlen?
■ die Dimension des Transportes
   Welche Möglichkeiten müssen gegeben sein, damit die alten Menschen zu den Seminaren kommen (können)?

Problemklärung

Die Problemklärung in diesem Falle ergab, daß zwar Werbung gemeint war, jedoch im Sinne von Werbemittelgestaltung.

Neuformulierung des Problems

Die Neuformulierung des Problems lautete: „Wie sollte die Werbung für alte Menschen aussehen, um sie zur Teilnahme an Seminaren ihres Interessensbereiches zu motivieren?"

Die Neuformulierung brachte also eine Eingrenzung der Fragestellung auf die zu lösende Dimension, nämlich die der Werbung. Allerdings ist Vorsicht geboten! Das Problem soll zwar eingegrenzt werden, aber nicht zu eng. „Wie soll ein Werbeprospekt für ältere Menschen aussehen?" wäre eine Problemverengung unseres Beispiels. Es geht nur noch um einen Werbeprospekt, andere auch denkbare Medien, wie Rundfunk, Fernsehen, Mundpropaganda, Patenschaften etc., sind allein durch die Fragestellung schon ausgegrenzt.

Auf der Gratwanderung zwischen „Schneeschaufel- (weit) und Spatenfrage (eng)" sollte im Zweifelsfall immer die umfassendere, weitere Formulierung gewählt werden. Durch die umfassendere Problemformulierung wird dann zwar auch mehr Ausschuß produziert, als positiver Aspekt werden aber weitaus mehr Lösungsansätze angeboten, die es sich lohnt, weiter zu verfolgen. Diesen Effekt machen sich Methoden, die vom Problem wegführen (Analogie, Synektik, Bisoziation) zunutze. Die Problemklärung verlangt eine intensive Auseinandersetzung aller Gruppenmitglieder mit dem Problem. Auf diese Weise verankert es sich in den Köpfen der Teilnehmer, lebt im Unterbewußten weiter und ist jederzeit wieder parat.

Ähnlich wie wir die Eingrenzung des Problems als Gratwanderung bezeichnen, ist auch die Frage „Wieviel Zeit sollte für die Problemdefinition veranschlagt werden?" zu sehen. Einerseits soll genügend Zeit vorhanden sein, um die einzelnen Schritte mit der notwendigen Gründlichkeit durchzugehen, andererseits soll das Problem nicht zerredet werden. Gerade bei unerfahrenen Gruppen setzt sich schnell die Tendenz durch, das Problem „konservativ", d.h. rationalistisch, lösen zu wollen. Je mehr Zeit zur Verfügung steht, desto eher kann sich diese Tendenz durchsetzen. Nach unserer Erfahrung genügen für die Problemdefinition 15 bis 20 Minuten.

Abschließend noch ein Hinweis: Unter günstigsten Umständen kann schon eine Neuformulierung des Problems die Lösung bringen. Wird z.B. bei einem Turnier die Frage nach der Anzahl der Spiele gestellt, die durchgeführt werden müssen, um aus einem Feld von 25 Teilnehmern die Sieger zu finden, und wird dabei nach dem K.O.-System gespielt, dann bringt folgende Umformulierung gleich die Antwort: „Wieviel Spieler müssen ausscheiden, wenn von 25 Teilnehmern ein **27**

Sieger übrigbleiben soll?" Leider sind jedoch die meisten Probleme, die wir im beruflichen Alltag zu lösen haben, durch diese besondere Art der Reformulierung, der Kopfstandtechnik, nicht zu lösen.

Zusammenfassung
Für die Durchführung der Problemformulierung machen wir folgenden Vorschlag:
■ Es sollten 15 bis 20 Minuten dafür vorgesehen werden (nicht mehr!).
■ Das Problem wird in der Gruppe „geklärt", indem die Experten, das sind diejenigen Gruppenmitglieder, die das Problem eingebracht haben, dazu befragt werden. Das Problem wird aus dem jeweiligen Verständnis heraus immer wieder formuliert, bis der Experte mit der Neuformulierung einverstanden ist.
■ Erfahrungsgemäß sollte die Problemstellung offen, d.h. mit „Wie" oder „Welche" formuliert werden; dadurch ist eine (wenn auch minimale) Weite der Problemformulierung gewährleistet.
■ Das Problem sollte probehalber umformuliert werden, evtl. ergeben sich daraus schon erste Lösungsideen.
Alles in allem werden die Teilnehmer einer kreativen Problemlösungs-gruppe die Schwierigkeiten und Fallen, die die Phase der Problem-definition mit sich bringt, vielleicht erst am Ende der Sitzung erkennen, wenn nämlich die Lösungsideen der Ausgangsfrage nicht entsprechen. Auch wenn das Gefühl auftaucht, die Methode sei nicht ergiebig gewesen, kann es durchaus an der Problemdefinition gelegen haben. Mit fortschreitender Erfahrung überspringen Sie aber auch diese Hürde.

2.3 Spontanlösungen: Den Weg frei machen für neue Lösungsideen

Wir beginnen mit einem Ihnen geläufigen Beispiel, mit der Frage-stellung:
„Wie erreiche ich es, daß sich für meine Seminare mehr Interessenten melden?"
Wenn Sie nun die alltäglichen Hindernisse und Probleme, die ihre Arbeit bestimmen, außer acht lassen, schießen Ihnen wahrscheinlich spontan einige Lösungsideen durch den Kopf. Erst wenn Sie diese Spontaneinfälle für sich formuliert haben, können Sie in Ihr Problem

tiefer einsteigen.

Bei einer Reihe von Kreativitätsmethoden ist es ebenso erforderlich, vor der eigentlichen Ideensammlungsphase solche Spontanlösungen zu nennen und festzuhalten. Der Sinn dieses Vorgehens liegt darin, den Kopf von Ideen und Ansätzen zu befreien, die das Denken der Teilnehmer bestimmen und Blockaden für neue Einfälle darstellen. Erst wenn sie die auf der Hand liegenden Lösungen losgeworden sind, ist der Weg frei für neue, originelle Überlegungen und Assoziationen.

Beim Brainstorming und der Methode 6-3-5 (sechs-drei-fünf) ist das Sammeln von Spontanlösungen zum Prinzip erhoben. Auch bei Methoden, die die Entfernung vom eigentlichen Problem bzw. der ursprünglichen Fragestellung zum Prinzip haben, ist es sinnvoll, eine solche Phase für die Durchführung einzuplanen.

Zu Beginn der „Sammlung von Spontanlösungen" fordert der Moderator die Teilnehmer auf, ihre vorhandenen Ideen zur Lösung des Problems spontan und ohne langes Nachdenken zu nennen. Wenn ad hoc keine Vorschläge mehr eingebracht werden, ist diese Phase zu Ende. Der Moderator muß darauf achten, hier den richtigen Zeitpunkt zu erkennen, um ein Hinübergleiten in die Phase der intensiven Problembearbeitung zu verhindern.

Die Spontanlösungen zu einem Problem werden gesammelt, notiert und für alle Teilnehmer sichtbar im Seminarraum aufgehängt, denn auch Spontanlösungen liefern Ausgangspunkte für neue Einfälle und wirken anregend auf den kreativen Ideenfluß.

2.4 Die Bewertung von Problemlösungsideen

Als Ergebnis liefern uns die Methoden der kreativen Ideenfindung eine Fülle von Lösungsansätzen. Die Entscheidung, welche Lösung für das Problem auszuwählen ist, soll zunächst bei den Experten liegen. In einer ersten Bewertung sollen sie spontan eine Einschätzung liefern. Sie sind sowohl mit dem Problem als auch mit den institutionellen und organisatorischen Rahmenbedingungen vertraut genug, um kompetent die geeignete Lösung herauszusuchen. Diese Entscheidung bedeutet aber auch gleichzeitig eine Einschränkung des Pools der Lösungsideen. Alle anderen Gedanken fallen erst einmal unter den Tisch, obwohl sich oft hinter etwas abwegig erscheinenden Ideen praktikable, originelle Ansätze verbergen können.

Arbeitet der Moderator mit einer Gruppe, die ausschließlich aus „Experten" besteht, mündet die Bewertungsphase häufig in eine längere Diskussion, in der sich die „Experten" über die „beste" Lösungsidee nicht einig werden können.

Im folgenden wollen wir Modelle vorstellen, die sowohl dazu dienen, die restlichen Lösungsvorschläge zumindest unter dem Tisch aufzubewahren, als auch die „beste" Lösung zu finden. Die Modelle sind teilweise miteinander kombinierbar, so läßt sich „Itemized response" auf jede Lösung anwenden. Um jedoch den zeitlichen Rahmen begrenzt zu halten, sollte man sich von vornherein für ein Modell entscheiden. Je häufiger man mit Kreativitätsmethoden arbeitet, desto geläufiger wird der Umgang mit ihnen werden. Die Bewertung gehört wie selbstverständlich dazu.

Das Ideenprotokoll

Leider sind wir Menschen (meist) zu schnell geneigt, Ideen oder Lösungen, die uns abwegig erscheinen, zu vernachlässigen, zu verwerfen, ohne daß wir sie einer näheren Betrachtung würdigen. Demgegenüber haben wir durch die Beschäftigung mit den Methoden der kreativen Ideenfindung festgestellt, daß gerade diese Ideen zu den überraschendsten Lösungen führen können. Gleiche Erfahrungen kennen wir auch aus der „Zukunftswerkstatt", wenn man sich hier für die Realisierungsphase die phantastischsten Einfälle aus der Phantasiephase herausgreift.

Das Ideenprotokoll soll dazu verhelfen, Einfälle und Lösungsansätze zu bewahren. Dazu werden die Vorschläge in vier Kategorien eingeteilt:

1. Heiße Ideen: sofort zu realisierende Ideen
2. Warme Ideen: später zu realisierende Ideen
3. Lauwarme Ideen: bearbeitungswerte Ideen, die aber noch weiterer Überlegungen bedürfen
4. Kalte Ideen: (noch) nicht realisierbare Ideen, die jedoch später wichtig werden könnten; Bilder, Analogien, die noch nicht umgesetzt werden können.

Werden die Lösungsansätze nach diesem Schema aufgelistet, entsteht ein Ideen-Notizbuch. In späteren Sitzungen kann man zur Weiterentwicklung von Lösungen oder zur Lösungsfindung für andere Probleme leicht darauf zurückgreifen.

Das Rosinenkonzept

Die Experten neigen dazu, sich die positiven Aspekte von Lösungsideen wie die Rosinen aus dem Kuchen herauszupicken. Sie laufen dabei jedoch leicht Gefahr, Lösungen zu schnell zu verwerfen, weil die negativen Aspekte die gleichzeitig vorhandenen positiven scheinbar überlagern. Das Rosinenkonzept soll dazu beitragen, die Lösungsideen in ihre positiven und negativen Aspekte zu zerlegen und mit den positiven weiterzuarbeiten.

Man benutzt dazu eine Bewertungsliste. Auf dieser Liste werden zu jedem Ergebnis 3 positive und 3 negative Aspekte notiert. Um eine Blockade für die positiven Betrachtungen zu vermeiden, sollte man unbedingt darauf achten, daß bei der Auflistung der Aspekte zunächst die positiven notiert werden, dann erscheinen die negativen in einem anderen Licht.

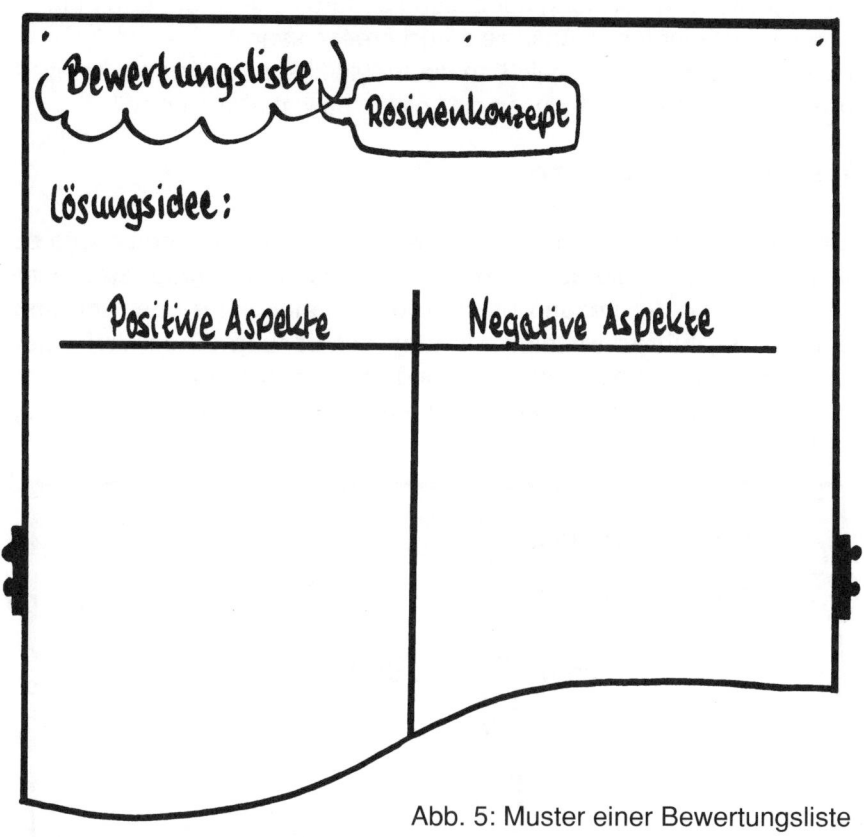

Abb. 5: Muster einer Bewertungsliste

Lösungskriterien

Unter den Methoden der kreativen Ideenfindung, die im folgenden Kapitel vorgestellt werden, finden sich einige, die uns dazu verführen, den Boden der Realität zu verlassen. Dementsprechend werden auch die Lösungsideen unter dem Eindruck der Loslösung aus den Zwängen, dem Druck der Realität entwickelt. Ein Rückbezug der Lösungsideen in die Wirklichkeit ist notwendig. Die Überprüfung der Brauchbarkeit der Lösungen mit Hilfe der Lösungskriterien soll dazu beitragen. Lösungskriterien könnten sein:
▦ Wird das Problem durch die gefundene Lösung wirklich gelöst?
▦ Ist die Lösung realisierbar?

- politisch
- institutionell und organisatorisch
- in Hinsicht auf das Bewußtsein der Adressaten
- in angemessener Zeit
- unter den gegebenen finanziellen Möglichkeiten
- ....

▪ Wird die Verwirklichung der Lösung dadurch erleichtert, daß man
auf bereits laufende Ansätze zurückgreifen kann?

Es können auch, im Anschluß an die Problemneuformulierung, Kriterien
aufgestellt werden, nach denen die Lösung bewertet werden soll.

Itemized response

Sicherlich ist es das Interesse aller, die mindestens 96%ige Lösung zu
finden. Um innerhalb der Gruppe einen Überblick darüber zu gewinnen, wie weit die Lösung diesem Ideal nahekommt oder von ihm
entfernt ist, führen wir eine Wertung der Lösung durch. Auf einer
Strecke mit den Endpunkten 0% und 100% markieren die Gruppenmitglieder den Punkt, der ihrer Meinung nach die Position der Lösung
kennzeichnet.

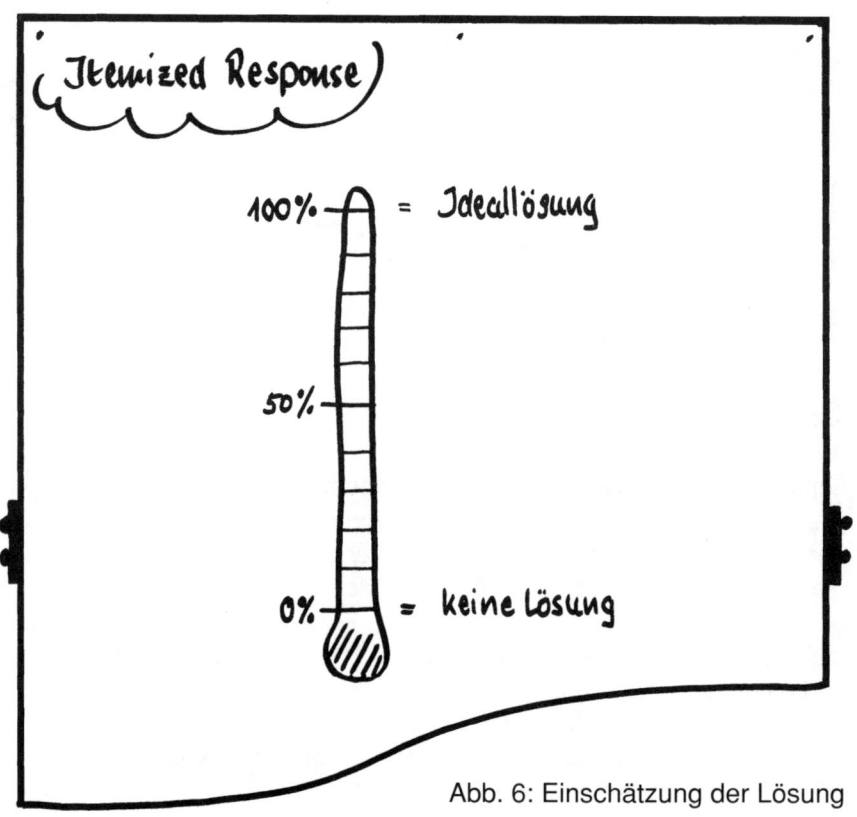

Abb. 6: Einschätzung der Lösung

Aus dem Mittelwert dieser Einzeleinschätzungen ergibt sich die Gesamteinschätzung der Gruppe. Durch weitere Arbeit an der Lösung sollte versucht werden, die „ideale" Lösung zu entwickeln. Eventuell kann mit der Fragestellung „Wie kann erreicht werden, daß ...?" ein weiterer Durchgang mit einer Methode der kreativen Ideenfindung erfolgen.

Gemeinsame Entscheidungsfindung

Fühlen sich alle Teilnehmer einer Problemlösungssitzung an der Entscheidung für ein Ergebnis beteiligt, wird es wesentlich leichter, dieses Ergebnis auch in die Praxis umzusetzen. Passen Sie jedoch in der Bewertungsphase auf. Da während der Durchführung der Methoden die Verhaltensmuster „Konkurrenz" und „Kritik" ausgeschaltet sind, besteht während dieser Phase die Gefahr, daß solche Verhaltensweisen wieder verstärkt auftreten. Ein Weg, dieses Problem zu umgehen, ist der Wechsel zwischen Individual- und Gruppenarbeit bei der Bewertung. Die genannten Bewertungsmethoden werden zunächst in Einzelarbeit durchgeführt und im Anschluß daran in der Gruppe diskutiert. Wenn die Gruppe die Gemeinsamkeiten der jeweiligen Einzelentscheidungen herausarbeitet und damit eine Hierarchie der Lösungen aufstellt, werden sich die Mitglieder für die Realisierung der Lösung stark machen, da sie das Ergebnis als „ihr eigenes" betrachten.
Die Stärke der Gruppe, die bei der Durchführung der Methoden durch Spielregeln unterstützt wird, sollte auch in der Bewertungsphase durch den Wechsel von Einzel- und Gruppenarbeit genutzt werden.

2.5 Kreative Gruppen moderieren

Braucht die Kreativitätsgruppe einen Moderator?

Der Erfolg einer Kreativitätssitzung hängt von mehreren organisatorischen Aufgaben ab, für deren Erfüllung sich eine Person verantwortlich fühlen sollte – nämlich ein Leiter oder Moderator. Er muß dafür sorgen, daß
■ die Sitzung inhaltlich und methodisch vorbereitet ist,
■ eine klare Strukturierung vorliegt,
■ die Gestaltung des äußeren Rahmens (Raum, Material etc.) stimmt,
■ die Spielregeln für kreative Gruppen eingehalten werden.

Selbst Gruppen, deren Mitglieder über dasselbe Maß an Erfahrungen mit Kreativitätsmethoden verfügen und somit alle „gleichberechtigt" sind, sollten einen Moderator haben, der auf die Einhaltung des formalen Rahmens achtet, damit Konflikte, Hemmnisse, Regeln sofort wieder in die richtigen Bahnen gelenkt werden. Außerdem ist es nach unserer Erfahrung hilfreich, einen „neutralen Beobachter" zur Seite zu haben, der außerhalb der Prozesse steht und, falls erforderlich, eingreift oder neue Impulse setzt.

Der Moderator übernimmt während der Gruppensitzung eine reine „Service-Funktion" für alle Teammitglieder. Diese Funktion umfaßt den Auftrag, das Team und die Teammitglieder zu befähigen, das gemeinsam gesetzte Ziel auch gemeinsam zu erreichen. Auf dem Hintergrund der Tatsache, daß Problemlösungen, die in Kreativitätssitzungen erarbeitet werden, Gruppenergebnisse sind, ist Voraussetzung für den Erfolg, die Identifikation des einzelnen mit dem gesetzten Ziel und die Bereitschaft aller Mitglieder, sich mit ihren Gedanken und Ideen einzubringen. Um dies zu gewährleisten, ist eine konstruktive Atmosphäre erforderlich, die gegenseitiges Vertrauen und Offenheit zuläßt: eine hohe Anforderung an den Moderator, die viel „Fingerspitzengefühl" verlangt.

Welche Aufgaben und Funktionen hat der Moderator?

Wie bereits erwähnt, ist die Bereitschaft der Teilnehmer, ihren Gedanken freien Lauf zu lassen, „herumzuspinnen" und auch ungewöhnlich erscheinende Ideen zuzulassen und zu äußern, Voraussetzung und Grundlage einer Kreativitätssitzung. Um eine gelöste und zugleich konzentrierte Atmosphäre zu schaffen, ist es sinnvoll, mit den Teilnehmern zur Einstimmung einige kurze Übungen durchzuführen, die der Entspannung dienen und das freie Gedankenspiel fördern. Eine Auswahl einiger uns geeignet erscheinender Übungen haben wir im Anhang zusammengestellt.

Bereits während der Vorbereitung eines Seminars oder einer Sitzung sollte sich der Moderator nicht nur Gedanken über die räumliche Ausstattung (Einrichtung/Material) machen, sondern ebenso über die Frage der Zusammensetzung der Kreativgruppe. Möglicherweise liegen hier Schwierigkeiten, die den freien Ideenfluß beeinträchtigen könnten. Er sollte sich vorher darauf einstellen, um korrigierend eingreifen zu können.

Da es zur Aufgabe des Moderators gehört, den Teilnehmern die Methode, deren Grundlagen und Ablaufstruktur zu erläutern, ist die intensive Auseinandersetzung mit den Verfahren und die Erarbeitung einer Methodeneinführung für die Teilnehmer wesentlicher Bestandteil der Vorbereitung einer Kreativitätssitzung.

Während der Gruppensitzung stellen die verschiedenen Phasen unterschiedliche Ansprüche an den Moderator:

■ Die Phase der Problemklärung muß dazu führen, daß mit der Neuformulierung der tatsächliche Kern des Problems erfaßt wird und alle Mitglieder der Kreativitätsgruppe eine einheitliche Problemauffassung im Kopf haben. Der Moderator sollte sich aktiv an der Befragung der Experten beteiligen, um dieses Ziel zu erreichen.
■ Die Darstellung der Methode, nach der in der Sitzung gearbeitet werden soll, darf keine Verständnisfrage mehr offen lassen und muß dem „Gruppentyp" entsprechen.
■ Während des Durchlaufs der Methode konzentriert sich der Moderator auf folgende Aspekte:

Regeln einhalten.
Dazu kann es hilfreich sein, mit der Gruppe vor Beginn Zeichen zu vereinbaren, die im Falle eines Verstoßes gegen die Regeln einge-setzt werden. Nonverbale Zeichen stören weniger den Kommunika-tionsprozeß und die Konzentration als mündliche Hinweise und Erläu-terungen.

Im Rahmen der vorgeschriebenen Zeit bleiben.
Schreibt die Methode bestimmte Zeiten für die Durchführung einzelner Schritte vor (z.B. Methode 6-3-5), hat der Moderator auf die Einhaltung dieser Zeit zu achten. Allerdings sollte dies in der Mehrzahl der Fälle nicht sklavisch gehandhabt werden, da der Ideenfluß darüber entschei-det, ob eine Phase beendet ist oder noch nicht.

Deutlich visualisieren.
Der Moderator hat strengstens darauf zu achten, daß keine Idee ver-loren geht und daß jede Teilnehmer-Nennung für alle sichtbar festge-halten wird.

Konflikten entgegenwirken.
Sich anbahnende Konflikte sollte der Moderator durch eine ausglei-chende und umsichtige Leitung zu unterbinden versuchen. Seine wesentliche Aufgabe besteht darin, eine Atmosphäre zu schaffen, die es den Teilnehmern ermöglicht, ihren Ideen freien Lauf zu lassen und jede Idee in der Gruppe zu nennen.

Impulse setzen.
Sollten der Ideenfluß stocken oder wesentliche Bereiche bei der Ideen-sammlung außer acht gelassen werden, ist es sinnvoll, wenn der **35**

Moderator gezielte Impulse setzt, um diese wieder voranzutreiben. Der ideale Moderator einer Kreativsitzung ist überwach. Er verfolgt den Gesprächsverlauf sehr sorgfältig und ahnt Konflikte oder Trends in der Gruppe auf dem Vorwege. Die schwierige Phase der Auswertung, besonders die Entwicklung von Lösungen, fordert den Moderator in besonderer Weise. Neben einer umsichtigen Diskussionsführung ist darauf zu achten, daß Beiträge nicht zu früh unter den Tisch fallen.

■ Die im Kapitel „Bewertung von Lösungen" dargestellten Verfahrensschritte sollte der Moderator vorstellen und als Hilfe zur Lösungsbewertung anbieten.

Wer kann die Moderation von Kreativitätsgruppen übernehmen?

Diese Frage ist auf den ersten Blick recht einfach zu beantworten: Jeder kann die Moderation von Kreativitätssitzungen übernehmen. Auf den zweiten Blick ergeben sich allerdings einige Differenzierungen: Wer Kreativitätsgruppen moderieren möchte, muß die Bereitschaft mitbringen, mit Methoden zu experimentieren. Denn ein Grundsatz gilt für alle Kreativitätsmethoden: Sie müssen geübt werden und sollten nicht überbewertet werden. Die Möglichkeit des Mißerfolgs in der Form, daß keine Lösungen erarbeitet werden, oder die Erfahrung, daß der Umgang mit der Methode noch nicht beherrscht wird, ist dann einfach ein notwendiger Bestandteil der Arbeit. Je häufiger mit den Methoden gearbeitet wird, desto leichter fällt die Handhabung, und desto größer sind die Erfolgsaussichten.

Erleichtert wird der Einstieg in diese Arbeit, wenn zunächst Methoden gewählt werden, die aufgrund ihres Aufbaus und ihrer Verfahrensstrukturen nicht so kompliziert sind. Es bieten sich das Brainstorming, die Methode 6-3-5 und die Kopfstandtechnik an.

Nicht zu vernachlässigen ist der Gesichtspunkt der persönlichen Vorlieben. Nicht alle Methoden sind für jeden in gleicher Weise ansprechend. Deshalb sollte jeder die Methoden bevorzugt einsetzen, die ihm persönlich gefallen und die im Hinblick auf die Durchführung Neugierde und Spannung wecken.

Werden bzw. sollen die Kreativitätsmethoden in einem festen Team eingesetzt werden, bietet es sich an, daß jedes Teammitglied die Moderation einmal übernimmt. Die gemeinsame Reflexion kann eher Fehler und Schwächen konkretisieren und alternative Verhaltens- und Vorgehensweisen entwickeln helfen. Es lohnt sich, die Mühen und Energien aufzubringen, mit den Methoden zu experimentieren und sie mehr und mehr in die Alltagsarbeit einfließen zu lassen. Die Ergebnisse in Problemlösungssitzungen werden einfach besser.

Kapitel 3
Die Methoden der kreativen Ideenfindung

3.1 Prinzipien von Kreativitätsmethoden

Einteilungen haben leicht den Nachteil, willkürlich zu wirken, haben aber wiederum den Vorteil, eine Thematik griffig und übersichtlich darzustellen: Das war uns wichtig. Wir entschieden uns deshalb für eine Ordnungsstruktur, die sich an den wichtigsten, der jeweiligen Methode zugrundeliegenden Denkprinzipien orientiert. Dabei schließen wir aber nicht aus, daß sich bei den meisten Methoden auch Elemente anderer Denkprinzipien wiederfinden lassen. Wir unterscheiden nach dem:

Prinzip der Assoziation

Bei den Techniken, die unter diesem Prinzip zusammengefaßt sind, geht es darum, über die freie Assoziation zu einer Problemfrage möglichst viele mit dem Problem zusammenhängende Aspekte zu finden. Zwar sind dies oft schon bekannte Aspekte, aber die unterschiedlichen Assoziationen der einzelnen Gruppenmitglieder treffen aufeinander und eröffnen so die Chance, daß sie sich gegenseitig überlagern. Diese Überlagerungen unterschiedlicher Denkmuster ermöglichen neue Kombinationen und Zuordnungen und dadurch oft kreative Lösungsideen.
Wir ordnen diesem Prinzip folgende Methoden zu: Brainstorming, Brainwriting, destruktiv-konstruktives Brainstorming, imaginäres Brainstorming.

Prinzip der Bildhaftigkeit und der Analogie

Hier erfolgt die Förderung des kreativen Lösungsprozesses entweder über bildhafte Vorstellungen oder über Analogien. Bei der Förderung über bildhafte Vorstellungen wird ganz bewußt auf die oben auch dargestellte Erfahrung zurückgegriffen, daß sich viele schöpferische Denkanregungen aus einer Regression nach vorrationalem, bildhaftem Denken ergeben, also aus einem Denken, das nicht logisch, kognitiv, klassifizierend erfolgt.
Aus der Verknüpfung von Bildern, willkürlich oder bewußt ausgesucht, mit einer Problemsituation lassen sich neue Sichtweisen auf das Pro- **37**

blem gewinnen und so originelle Lösungsansätze entwickeln. Analogien wiederum sind Bilder, Vorgänge oder Tatbestände, die aus einem anderen Wirklichkeitsbereich als das Problem entstammen, aber dem Problem ähnlich sind. Zwar sind Analogien aus unterschiedlichen Bereichen nie identisch, aber sie weisen eine ähnliche Struktur auf. Aus den Unterschieden zwischen Problemen und Analogien werden neue Lösungsansätze angeregt und entwickelt, so daß eventuelle Ungereimtheiten zwischen Problem und Analogie in Kauf genommen werden können.

Zum Prinzip der Bildhaftigkeit und der Analogie zählen wir die Analogietechnik, die Klassische Synektik, die Visuelle Synektik und die Bisoziation.

Reizwortprinzip, Prinzip der Zufallsanregung

Bei diesem Prinzip geht die Anregung zur kreativen Lösungsfindung von zufällig gefundenen bzw. zusammengestellten Wörtern und Begriffen aus. Aus der Beschreibung der Wörter bzw. Begriffe, aus ihrer Kombination oder aus Assoziationen zu ihnen werden Anregungen für Lösungsideen gewonnen. Wichtig ist dabei meist das Zufallsprinzip, also die Forderung, daß die auslösenden Wörter aufgrund einer Zufallsauswahl gewonnen werden.

Wir ordnen diesem Prinzip die Methode der Superposition, die Katalog-Methode, Lexikon-Methode, Force-Fit und die Semantische Methode zu.

Prinzip der systematischen Bedingungsvariation

Bei diesem Prinzip geht es darum, ganz systematisch und konsequent einen grundlegenden Faktor der bisherigen Lösungssuche bzw. einen Aspekt im Feld der Problemsituation zu verändern und dadurch zu neuen Lösungsansätzen zu kommen. Dies kann auf verschiedene Arten geschehen. So können z.B. die bisherigen Lösungsansätze auf das in ihnen vorherrschende Prinzip hin untersucht und dieses konsequent durch andere Prinzipien ersetzt werden, die neue Ansichten auf das Problem zulassen. Oder die Lösungssuche erfolgt über die konsequente Anwendung dialektischen Denkens. Oder ein Problem wird mit Hilfe einer Liste von manipulativen Verben befragt.

Wir rechnen zu den Methoden unter dem Prinzip der systematischen Bedingungsvariation die Nebenfeldintegration, die Kopfstandtechnik, die Stopp-Technik, die Osborn- oder Checklisten-Methode und die Methode der Identifikation.

3.2
Assoziationsmethoden

■ Brainstorming

■ Brainwriting
(Methode 6-3-5)

■ Imaginäres
Brainstorming

■ Destruktiv-
konstruktives
Brainstorming
■

■

■

■

■

■

■

■

Raud für Notizen

■ Brainstorming

Die Methode

Brainstorming bedeutet kommentarloses Sammeln von spontanen Einfällen als Lösung von Problemen. Diese von A. F. Osborn in den dreißiger Jahren entwickelte Kreativitätstechnik ist die einzige, die eine breitere Verwendung in der Weiterbildung gefunden hat. Ihre Regeln sind so grundlegend, daß sie entscheidend auch das Grundgerüst der Spielregeln für kreative Gruppen bestimmen. Ihre Regeln und ihr Ablauf sind hier noch einmal zur Erinnerung angeführt.

Regeln der Methode

Das Brainstorming ist Grundlage einer Reihe von Methoden der kreativen Ideenfindung. Hinter dem Begriff verbirgt sich keine eigene Denkrubrik, sondern ein formaler Rahmen, der kreative Leistungen fördern soll. Damit sich Erfolge einstellen, sollen folgende Aspekte bei der Vorbereitung auf das Brainstorming berücksicht werden: Jede Brainstorming-Sitzung muß geplant und vorbereitet sein. Die Problemstellung darf nicht zu komplex sein, weil sonst die Assoziationen zu viele Aspekte enthalten und nicht auf das eigentliche Problem konzentriert werden. Bei der Zusammensetzung der Teilnehmergruppe sind die Gesichtspunkte der fachlichen Heterogenität und der sozialen Homogenität (keine Spannungen in der Gruppe) zu berücksichtigen. Die optimale Größe der Gruppe liegt zwischen sechs und zwölf Teilnehmern. Das Wesentliche der Methode besteht darin, daß die Teilnehmer spontan Lösungsvorschläge für das gestellte Problem nennen, die dann für die Gruppe sichtbar notiert werden. Während dieser Phase der Ideenfindung ist jegliche Kritik bzw. Bewertung der Vorschläge untersagt. Die Nennungen sollten möglichst knapp und kurz gefaßt sein. Ein fester Zeitrahmen von ca. 15 bis 20 Minuten steht dafür zur Verfügung. Die spontane Nennung von Einfällen und Vorschlägen führt zur gegenseitigen Anregung und Produktion neuer Ideen, wobei die Quantität der genannten Ideen ausschlaggebend ist. Jeder Beitrag ist erwünscht und dient der Anregung der anderen Teilnehmer. Der Phantasie sind keine Grenzen gesetzt. Jede Assoziation soll genannt werden: Blödeln ist wichtig und erwünscht, Vernunft und Logik spielen keine Rolle.

Zeit:
ca. 45 Minuten

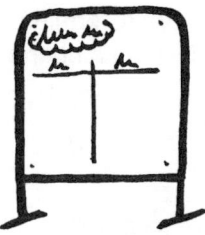

Material:
Tafel/Pinnwände/Flipchart/
Moderationsmaterial

Teilnehmer:
ab 4 Teilnehmer

Durchführung

Eine Brainstorming-Sitzung läuft nach folgendem Schema ab:
- Problemstellung
- Der Moderator muß sich vergewissern, ob alle Teilnehmer eine einheitliche Problemauffassung haben.
- Problemklärung
- Neuformulierung des Problems
  Hier besteht die Möglichkeit, noch einmal sicherzustellen, daß alle Teilnehmer eine einheitliche Definition des Problems im Kopf haben.
- Die Regeln des Brainstormings – Zeitvorgabe, keine Bewertung und Kritik, Ideen kurz und knapp benennen – werden noch einmal erläutert. Die Teilnehmer versuchen dann, möglichst viele Ideen zu finden.
- Die vorgebrachten Ideen werden, für alle Teilnehmer sichtbar, stichwortartig auf Flipcharts oder auf einer Tafel festgehalten. Für eine Brainstorming-Sitzung ist eine Zeit von etwa 15 bis 20 Minuten anzusetzen. Die Sitzungsdauer sollte sich nicht ausschließlich an der Zeit, sondern auch am

Ideenfluß bemessen. Der Moderator achtet darauf, den Gedankenstrom nicht zu früh zu unterbrechen, denn nachdem spontane, naheliegende Lösungen genannt wurden, fließen die Einfälle langsamer. Die Originalität nimmt hingegen zu.

■ Lösungsfindung
Nach Beendigung der kritiklosen Phase geht es darum, die Fülle der genannten Ideen zu ordnen und zu bewerten.
Dies kann direkt im Anschluß an die Brainstorming-Sitzung gemeinsam mit den Teilnehmern geschehen oder auch später durch eine andere Gruppe.

Bewertung der Methode

Das klassische Brainstorming stellt die generellste Möglichkeit der Suche nach Lösungen dar und erfordert eine intensive Beschäftigung mit der Fülle der im freien Assoziationsprozeß gesammelten Ideen. Das Ergebnis birgt in der Regel eine Reihe von verwertbaren Ansätzen, die weitergedacht und fortgeführt werden müssen.

Aufgrund der weiten Verbreitung dieser Methode im Weiterbildungsbereich halten wir es für angemessen, auf ein Beispiel zu verzichten. Sie können jedes beliebige Beispiel aus Ihrer alltäglichen Arbeit mit dem Brainstorming zur Veranschaulichung verwenden.

■ Brainwriting (Methode 6-3-5)

Die Methode

Die Methode 6-3-5 (sechs-drei-fünf) bzw. das Brainwriting gehört, wie das Brainstorming, zu den assoziativen Verfahren. Sie macht sich die Erkenntnis zunutze, daß Streß die Kreativität fördert, indem den Teilnehmern eine befristete Zeit zur Produktion und schriftlichen Fixierung ihrer Ideen vorgegeben wird. Im Gegensatz zum Brainstorming schreibt der Teilnehmer seine Ideen hier selbst auf.

Regeln der Methode

Die Bezeichnung „6-3-5" gibt bereits die Spielregeln und Spielbedingungen wieder: 6 Teilnehmer schreiben in 3 vorgegebene Problemlösungsfelder je eine Idee. Für diese drei Lösungen werden 5 Minuten Zeit gegeben. Diese Bedingungen sind je nach Größe der Gruppe, der zur Verfügung stehenden Zeit etc. veränderbar. Für die Durchführung erhalten die Teilnehmer ein DIN-A4-Blatt mit einer vorgegebenen Spaltenaufteilung.
Im Anschluß an den Beispielablauf haben wir einen Musterbogen beigefügt, den Sie als Vorlage verwenden können. Bei Bedarf wird er vergrößert, vervielfältigt und als Arbeitsunterlage an die Seminarteilnehmer ausgehändigt.

Zeit
ca. 90 Minuten

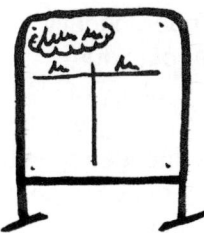

Material:
DIN-A4-Formblätter/Bleistifte
u./o. Kugelschreiber/
Pinnwände/Uhr/
Moderationsmaterial

Teilnehmer:
mindestens 6 Teilnehmer

Durchführung

Die 6-3-5-Methode verläuft nach folgendem Schema:
- Problemstellung
- Problemklärung
- Neuformulierung des Problems
- Die Teilnehmer erhalten das DIN-A4-Formblatt. Jeder trägt in die obersten drei waagerechten Felder je eine Idee zur Lösung des Problems ein. Sie haben fünf Minuten Zeit dafür. Dann werden die Blätter an den linken Nachbarn weitergereicht. Jeder hat nun die Aufgabe, die bereits eingetragenen Vorschläge weiterzuentwickeln, zu verändern etc. und seine Ideen in die darunter liegende waagerechte Spalte einzutragen. So geht es weiter, bis das Blatt voll ist. Es müssen nicht unbedingt alle drei Felder ausgefüllt werden. Doch es gilt: Jede Idee, sei sie noch so verrückt, ist es wert, festgehalten zu werden. Während dieser Phase der Ideensammlung sollten die Teilnehmer nicht miteinander sprechen.
- Alle Formulare werden für die Teilnehmer sichtbar aufgehängt. Jeder ist aufgefordert, spontane Ideen noch hinzuzufügen.
- Bei immerhin rund 108 Lösungsansätzen empfiehlt es sich, unterschiedliche Prioritäten in der Bewertungsphase heraus zu arbeiten. Nachdem alle Ideen aufgeschrieben sind, soll sich jeder Teilnehmer für drei in Frage kommende und drei nicht in Frage kommende Ideen pro Formular entscheiden und diese mit „J"(Ja) bzw. „N"(Nein) kennzeichnen (die Unterscheidung kann auch „positiv" oder „negativ" lauten). So bleiben die Augen der Teilnehmer offen für ungewöhnliche Vorschläge. Der Moderator gibt die Blätter zu diesem Zweck noch einmal herum. Die ausgewählten Ansätze werden anschließend zusammengetragen und gemeinsam noch einmal kritisch unter die Lupe genommen. Eine hilfreiche Fragestellung zur Lösungsoptimierung könnte

sein: „Wie können die nicht in Frage kommenden Lösungsideen so umformuliert werden, daß sie einen Lösungsansatz bieten?". Im letzten Schritt kann der Problemeinbringer sich für einen der erarbeiteten Lösungsvorschläge entscheiden.

Diese Phase kann man hinsichtlich Gründlichkeit und Intensität der Auswertung variieren. Das ist abhängig von der zur Verfügung stehenden Zeit und der Schwierigkeit der Problemstellung.

Bewertung der Methode

Diese Methode ist recht einfach zu handhaben und bringt eine Fülle von Ideen in einer relativ kurzen Zeit. Ein weiterer großer Vorteil des Brainwriting liegt darin, daß sich jeder Teilnehmer zu jedem Zeitpunkt intensiv mit der Problemfrage auseinandersetzen muß.

Geeignet ist dieses Verfahren eher für konkrete und eng eingegrenzte Problemfragen, wie z.B. die Suche nach einem Veranstaltungstitel.

Beispiel Brainwriting

Ein Protokoll

Problemstellung

Wie motiviere ich Frauen, die nach einer längeren Pause wieder ins Berufsleben einsteigen wollen, an einem EDV-Einführungskurs teilzunehmen?

Neuformulierung des Problems

Wie kann der Titel eines EDV-Einführungskursus lauten, der Berufseinsteigerinnen/Wiedereinsteigerinnen zur Teilnahme motiviert? Sehen Sie dazu den Ablauf auf Seite 36 und 37.

Sitzung: Wie kann der Titel eines EDV-Einführungskurses lauten, der Berufseinsteiger-/WiedereinsteigerInnen zur Teilnahme motiviert?

Datum: 22.11.98   Seite 1

Bürowelt verstehen lernen	Sicherheit erwerben durch EDV-Praxis	Am Anfang steht der PC
EDV-Welt verstehen und handhaben lernen	Sicherheit für die Frau durch Praxis in der EDV	Erst EDV lernen - dann wiedereinsteigen
Chips - mal nicht zum Fernsehen sondern zum Geld verdienen	Komplexes leicht durchschaubar gemacht	In 3 Tagen von der Steinzeitfrau zur High-Tech Bürokraft.
Bei uns lernen Sie locker zum Wiedereinstieg in die Informatik am Arbeitsplatz	Unser Seminar führt Sie zum Erfolg - mit dem Grundkenntnissen in EDV	Wiedereinstieg in's Büro? Unser Seminar bringt Sie sicher an's Ziel.
Angst vor der Technik? EDV-Wissen leicht gemacht für jeden	Disketten nicht nur zum Hören, Zukunft gestalten mit EDV-Wissen kompakt	Neues Lebensziel Zielsetzung: Leben verbessern Sie...

Sitzung: Wie kann der Titel eines EDV-Einführungskurses lauten, der Berufseinsteiger-/WiedereinsteigerInnen zur Teilnahme motiviert?

Datum: 22.11.98   Seite 2

EDV-Kompetenz auf eine solide Basis stellen	Legen Sie den Kurs wieder, schreiben Sie in Zukunft mit System!	Hardware - leicht und locker
Kompetent und Sicher mit EDV-Kenntnissen	Zurück ins Büro? Mit uns und EDV gelingt Ihnen der Start	EDV leichtgelernt für den Wiedereinstieg in den Beruf
Wer hat Angst vor EDV?	Traumjob - wir helfen Ihnen bei Ihren Zielen.	Die Kinder sind aus dem Haus - suchen Sie sich eine neue Aufgabe.
EDV - Jogging Training für den Job	Der PC - Ihr Partner	
Mit EDV-Training auf eine neue berufliche Laufbahn	Mein PC und ich! Der Beginn einer tastenden Leidenschaft	Kein Sprung ins kalte Wasser - ein EDV-Kurs zum Warmwerden

Sitzung: Wie kann der Titel eines EDV-Einführungskurses lauten, der Berufseinsteiger-/WiedereinsteigerInnen zur Teilnahme motiviert?

Datum: 22.11.98   Seite 3

Beruflich fit?	EDV - Können Sie mitreden?	Hinein ins Berufsleben
Tastatur PC- EDV spielend lernen	Leben Sie auf! Berufliche Neuorientierung für Wiedereinsteiger	Die Taste - Ein Training mit PC und Wissen
Sie können wieder mitreden.	Schulbank ohne Stress und mit großem Erfolg	Angst macht Ihnen aus dem Leben schwer - wir würden sie Ihnen gerne nehmen
PC - Profi werden ist nicht schwer	Schritt für Schritt zum sicheren Erfolg	Bürokommunikation auf 3½" - Die Welt des Computers verstehen lernen
Fit für die neue Bürotechnik? Wir helfen Ihnen dabei	Unser Seminar zur Wiedereinführung in die PC-Geheimnisse gibt Ihnen wieder Sicherheit im Berufsleben	Fühlen Sie sich noch jung genug? Dann lernen Sie die Bedienung des PC!

Sitzung: Wie kann der Titel eines EDV-Einführungskurses lauten, der Berufseinsteiger-/WiedereinsteigerInnen zur Teilnahme motiviert?

Datum: 22.11.98   Seite 4

E einfach D didaktisch V vielseitig	Zurück in die Arbeitswelt - Neues Know-how leicht gemacht	Von der Küche zum High-Tech Ein Weg ohne Steine
Wenn schon, denn schon - EDV mit Hand und Fuß	Sprinten Sie los- EDV im Schnelldurchlauf	Word und Windows für Neueinsteiger
Ein Neuanfang für Frauen: Mit Kopf, Herz und PC	EDV - Startkurs für den schnellen Wiedereinstieg ins Berufsleben	Diskette, Laufwerk und Co. Wir zeigen Ihnen, wie es geht.
E erfolgreich D urch die V ielzig	Neue Methoden- appetitlich verpackt - EDV im kleinen Happen	Haben Sie vor? sich zu verändern Wir würden Ihnen gerne dabei helfen!
Zweifeln Sie Ihr Können in unserem EDV-Seminar	Gehen Sie mit der Zeit - durch den Einstieg in die Welt des PC.	

Sitzung: Wie kann der Titel eines EDV-Einführungskurses lauten, der Berufseinsteiger-/WiedereinsteigerInnen zur Teilnahme motiviert?

Datum: 22.11.98   Seite 5

Alles oder Nichts - starten Sie fun- diert ins Berufs- leben	Startschuß zum Wiedereinstieg	Mitmachen zahlt sich aus
Time tag? Schließen Sie die Wissens- lücke EDV	Mehr Wissen - mehr Weut EDV-Wissen nicht nur für Wiedereinsteiger	durch Briefe werden besser...
Bei uns lernen Sie EDV- Praxis	Einführung in die EDV- auch für bis- herige Haus- frauen	Unser Semi- nar weist Sie ein in die Praxis der Informatik
Den Einstieg erleichtern durch gezielte Vorbereitung	Erweitern Sie Ihre Kenntnisse gezielt.	Zu lange RAUS? Wir helfen REIN!
1001 Möglich- keiten mit EDV umzugehen	Praxis praktisch proben - EDV im Berufsleben	von Daten- bänken und...

Sitzung: Wie kann der Titel eines EDV-Einführungskurses lauten, der Berufseinsteiger-/WiedereinsteigerInnen zur Teilnahme motiviert?

Datum: 22.11.98   Seite 6

Alles oder Nichts - starten Sie fun- diert ins Berufs- leben	Startschuß zum Wiedereinstieg	Mitmachen zahlt sich aus
Time tag? Schließen Sie die Wissens- lücke EDV	Mehr Wissen - mehr Weut EDV-Wissen nicht nur für Wiedereinsteiger	durch Briefe werden besser...
Bei uns lernen Sie EDV- Praxis	Einführung in die EDV- auch für bis- herige Haus- frauen	Unser Semi- nar weist Sie ein in die Praxis der Informatik
Den Einstieg erleichtern durch gezielte Vorbereitung	Erweitern Sie Ihre Kenntnisse gezielt.	Zu lange RAUS? Wir helfen REIN!
1001 Möglich- keiten mit EDV umzugehen	Praxis praktisch proben - EDV im Berufsleben	von Daten- bänken und...

Sitzung: Wie kann der Titel eines EDV-Einführungskurses lauten, der Berufseinsteiger-/WiedereinsteigerInnen zur Teilnahme motiviert?

Datum: 22.11.98   Seite 7

EDV für Frauen: Mit Wissen und Know-How ins Berufsleben	EDV-Praxis mit einem Kurs für Wieder- einsteigerinnen	EDV-Knowhow - Eine Rundschau in die PC-Welt
Mut zu neuen Kenntnissen im Bereich der Informa- tik	Für Ihren neuen Arbeitsplatz lernen Sie bei uns den Ein- stieg in die EDV mit sanfter Methode	Bisher haben Sie Ihren Haushalt organisiert, jetzt helfen wir Ihnen beim Neuan- fang zur Infor- matik
Nur nicht den Mut verlieren- EDV bringt Sie weiter	PC - Praxis — Ihr Schlüssel zum Erfolg	Landkarte durch die PC-Landschaft - Wegweiser für Neueinsteiger
Mut für Ihren Wiedereinstieg mit EDV- Know-How	Der Schlüssel für Ihre berufliche Renaissance: Unser EDV-Kurs	Zurück in den Beruf: Wir bahnen Ihnen den Weg durch den EDV-Dschungel
Erwartungen werden erfüllt - EDV für Einsteiger	Neuorganisation = Zufriedenheit	Neuorientierung aber wie? EDV der (Beginn) Anfang

Bewertung der Lösungsvorschläge

In diesem Falle konnten sich die Problemeinbringer (Experten) rasch für eine Lösung entscheiden. Eine längere Diskussion zur Entscheidungs- findung war nicht not- wendig. Die Enstscheidung wurde auf Grund indivi- dueller Gütekriterien gefällt.

47

Sitzungen

Datum

Seite

Abb. 8: Musterblatt „Methode 6-3-5"

■ Imaginäres Brainstorming

Die Methode

Das imaginäre Brainstorming versucht, den Weg für neue Lösungsmöglichkeiten dadurch frei zu machen, daß die Teilnehmer ein Problem unter geänderten Bedingungen betrachten.

Regeln der Methode

Die Verfahrensweise beim imaginären Brainstorming sieht vor, eine Bedingung, die die Problemfrage entscheidend bestimmt (z.B. knappe Geldmittel), radikal zu verändern (z.B. in reichlich Geldmittel). Unter dieser geänderten Fragestellung wird ein Brainstorming durchgeführt. So steht im Mittelpunkt der ersten Phase die Frage „Wie würde ich das Problem lösen, wenn ...?".
Die Verneinung bzw. Aufhebung bestimmter Bedingungen führt zur erforderlichen Entfernung vom Problem und soll die Teilnehmer von festgefahrenen Vorstellungen lösen, um den Blick für bisher nicht erkannte Wege der Problemlösung zu öffnen.

Zeit:
ca. 90 Minuten

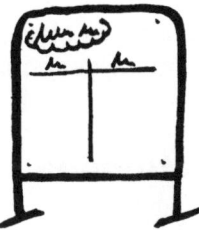

Material:
Pinnwand/Flipchart/Tafel/
Moderationsmaterial

Teilnehmer:
auch für Einzelarbeit geeignet

Rand für Notizen

Durchführung

- Problemstellung
- Problemklärung
- Neuformulierung des Problems
- Sammeln von Spontanlösungen
- Die Kreativitätsgruppe überlegt gemeinsam, durch welche Bedingung(en) das Problem entscheidend bestimmt wird. Eine Bedingung wird radikal geändert, z.B. in ihr Gegenteil verkehrt. Zu dieser geänderten Fragestellung wird ein Brainstorming durchgeführt.
- Die diversen Einfälle werden für alle Teilnehmer sichtbar aufgeschrieben.
- Die gesammelten Ideen werden auf die ursprüngliche Fragestellung zurückgeführt und daraufhin untersucht, welche neuen Perspektiven und Wege sie für eine Problemlösung beinhalten.
- Bewertung der Lösungsideen und Entwicklung von Lösungsvorschlägen.

Bewertung der Methode

Diese Methode führt zu einer erweiterten Betrachtungsweise des Problems und ist gut dazu geeignet, Denkblockaden zu überwinden. Der Zeitrahmen, den dieses Verfahren beansprucht, ist relativ gering. Die Methode kann auch alleine durchgeführt werden mit dem Ziel, sich von festgefahrenen Denkrichtungen zu lösen.
Spektakulär neue Lösungsideen können bei dieser Vorgehensweise kaum erwartet werden. Der Vorteil dieser Methode liegt in der relativ einfachen Handhabung und im geringen Zeitaufwand.

Beispiel Imaginäres Brainstorming

Ein Protokoll

Problemstellung

Wie kann ich eine effektive und kontinuierliche Zusammenarbeit mit Kollegen erreichen, gerade wenn es sich um unterschiedliche Persönlichkeiten handelt, die bei mir ausgeprägte Antipathien und Sympathien hervorrufen?

Neuformulierung des Problems

Wie kann ich mit den Kollegen zufriedenstellend und kontinuierlich zusammenarbeiten,

- die bei mir ausgeprägte Antipathien erzeugen
- und/oder die einen anderen Standpunkt vertreten,
- die eine andere Vorstellung von der Organisation des Lernens haben?

Spontane Lösungsideen

- aus dem Weg gehen, wenn es brenzlig wird
- ignorieren
- attackieren
- überzeugen
- tolerieren
- Berührungspunkte vermindern
- Berührungspunkte verstärken
- Zusammenarbeit ritualisieren
- gegenseitige Hospitation
- Rollentausch

Imagination

Wie könnte ich mit Kollegen zufriedenstellend und kontinuierlich zusammenarbeiten, die eine ähnliche/gleiche Vorstellung von der Organisation des Lernens haben?

Folgende Lösungsideen kommen zusammen

- ständiger Austausch über Probleme im Unterricht (-)
- gegenseitige Information über neue Erkenntnisse zum Fach (+/-)
- gemeinsame Fortbildung (+)
- gemeinsame Feste (+/-)
- gemeinsame Vorbereitung von Unterricht (-)
- gemeinsame Reflexion über Unterricht (-)
- Rollentausch (Wechsel der Klassen/Lerngruppen) (-)
- gemeinsame Zielfindung und Planung (+)
- innerhalb von 2 Jahren plant jeder mit jedem ein kleines Projekt und führt es gemeinsam durch (+)
- feste Zeiten und Themen für gemeinsame Arbeit (+)
- Veröffentlichungen planen (+)

- Ausheulrunde (-)
- Gruppensupervision (-)
- gegenseitige Erläuterung von Zielvorstellungen und Vorgehen im Lernprozeß (-)
- Prämierung des „Mißerfolgs des Monats" mit anschließender Gummibärchenverteilung (-)
- Klagemauer (+)
- gemeinsame Gestaltung der Unterrichts- und Freizeiträume (-)
- gemeinsame Nonsensdiskussion (+)
- Sprüchewand (+/-)
- Aggressionsraum mit Bildern sämtlicher Kollegen (-)
- gemeinsame Spaziergänge (-)
- gemeinsame Kontrolle der Arbeit in regelmäßigen Abständen (-)
- sich gemeinsam der Kritik der Lernenden stellen (+)
- Verfügungsstunden, über die gemeinsam entschieden wird (+)
- regelmäßige Familien- und Elternabende (-)
- gemeinsame Öffentlichkeitsarbeit (+/-)
- gemeinsame Anschaffung von Medien zum Selbstlernen (-)
- Herausfinden individueller professioneller Fähigkeiten (-)
- gemeinsame Ausflüge (-)
- gemeinsame Ausflüchte (-)
- gemeinsame Ausnüchterungszellen (-)
- gemeinsam etwas Neues ausprobieren bzw. experimentieren (+)
- Einkaufsdienst einrichten (-)

Bewertung der Lösungsideen

In diesem Fall nahm der Experte, also der Problemeinbringer, die Bewertung vor. Er urteilte intuitiv auf der Basis seines Erfahrungshintergrundes und nicht aufgrund allgemeingültiger Kriterien. Die mit „+" gekennzeichneten Ideen sind die, die er für realistisch und durchsetzbar hielt. Die Ideen, die für eine Lösung gar nicht in Frage kamen, wurden mit einem „-" versehen.

■ Destruktiv-konstruktives Brainstorming

Die Methode

Die Besonderheit dieser Methode liegt darin, daß sich die Kreativitätsgruppe zunächst einmal intensiv dem „Status quo" zuwendet und im Brainstorming alle Vorbehalte, Kritikpunkte und Unzufriedenheiten loswerden kann.

Die Entfernung vom bzw. die Verneinung des Problems wird bei diesem Verfahren dadurch erreicht, daß die Gruppe sich nicht mit der Lösung des Problems beschäftigt, sondern im Gegenteil zunächst klärt, was die Lösung verhindert. Die Suche nach neuen Lösungswegen wird bestimmt durch den Versuch, diese negativen Statements in positive umzuformulieren.

Regeln der Methode

Das destruktiv-konstruktive Brainstorming wird in zwei streng voneinander getrennten Phasen durchgeführt mit dem Ziel, auf der Grundlage einer Analyse des Problems neue Lösungswege zu entwickeln.

In einem ersten Schritt werden im Brainstorming alle Defizite und Schwächen des Problems bzw. bisheriger Lösungsversuche zusammengetragen. Die Funktion dieser Phase liegt in einer genauen Betrachtungsweise und Analyse der Problemstellung.

Im zweiten Schritt werden für alle genannten Fehler und Schwächen Verbesserungsmöglichkeiten gesucht.

Zeit:
ca. 90 Minuten

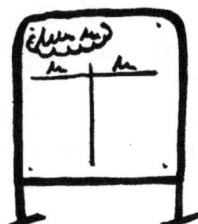

Material:
Pinnwand/Flipchart/Tafel
Moderationsmaterial

Teilnehmer:
ab 3 Teilnehmer

Durchführung

- Problemstellung
- Problemklärung
- Neuformulierung des Problems
- Sammeln von Spontanlösungen
- In einem Brainstorming werden je nach Problemstellung die Mängel und Fehler der bisherigen Lösungsversuche oder die Hindernisse, die eine Problemlösung bisher blockiert haben, zusammengetragen. Die Gruppe wendet sich nach Beendigung des Brainstormings den gesammelten Kritikpunkten zu und versucht, positiv formulierte Problemlösungsvorschläge abzuleiten.
- Bewertung der Lösungsideen und Entwicklung von Lösungsvorschlägen.

Bewertung der Methode

Im Vergleich zu einer Reihe anderer Kreativitätsmethoden ist der Zeitrahmen, den dieses Vorgehen erfordert, relativ gering. In einer kurzen Zeitspanne werden eine Menge Ideen gesammelt. Der Vorteil dieser Methode liegt darin, daß sich alle Teilnehmer an der Analyse des Problems beteiligen. Auf diesem Wege können Fehler und Mängel entdeckt werden, die die Experten bzw. diejenigen, die das Problem einbringen, nicht mehr wahrnehmen. Je größer die Gruppe ist und je breiter gefächert die vertretenen Fachrichtungen sind, desto vielfältiger ist das Ergebnis.

Besonders berücksichtigt werden muß bei dieser Methode allerdings die Gruppenzusammensetzung im Hinblick auf institutionelle Hierarchien und Spannungen innerhalb der Gruppe. In der Regel stellt sich der Teilnehmer, der das Problem einbringt, der rücksichtslosen Kritik der Gruppe. Deshalb sollte Voraussetzung sein, daß sich die Gruppenmitglieder kennen und daß keine Spannungen in der Gruppe herrschen.

Entgegen den strengen Regeln des Brainstormings ist bei dieser Methode eine Abänderung angebracht: Es hat sich als sinnvoll erwiesen, daß Ideen, die im Brainstorming genannt werden und nicht für alle Teilnehmer einleuchtend sind, erläutert werden. Dies wirkt in diesem Fall nicht hemmend auf den Assoziationsprozeß, sondern unterstützt den Prozeß der Problemanalyse. Es ist anzuraten, auch wenn es häufig als sehr mühsam erlebt wird, daß sich jeder den in der konstruktiven Phase genannten Ideen zuwendet und sie auf neue Lösungsansätze hin untersucht. Es gibt sicherlich eine Reihe von Ideen, die schnell zur Seite gelegt werden können. Doch sollte verhindert werden, daß Nennungen zu schnell unter den Tisch fallen.

Beispiel Destruktiv-konstruktives Brainstorming

Ein Protokoll

Problemstellung

Wie gestalte ich den Einstieg in ein Seminar „Kreativitätstechniken" ?

Problemklärung

Kreativitätstechniken sollen in einem Seminar eingesetzt werden, dessen Teilnehmer den Umgang mit diesen Methoden nicht gewohnt sind. Ziel ist sowohl die Bearbeitung von Problemstellungen mit Hilfe der Methoden als auch die Darbietung der Methoden, um die Teilnehmer zu motivieren, sich weiterhin mit diesen Methoden auseinanderzusetzen. Der Einstieg sollte so gewählt werden, daß er einerseits motivierend wirkt und in die Thematik einführt, andererseits eine Verbindung zum weiteren Seminarverlauf herstellt.
Es wird das bisherige Konzept erläutert.

Neuformulierung des Problems

Wie steige ich kreativ in ein Seminar „Kreativitätstechniken" ein?

Destruktive Phase

Zur folgenden Frage wird ein Brainstorming durchgeführt: „Welche Fehler und Mängel weist das bisherige Konzept auf?"

Zu viele Spiele; zu sehr im Verbalen; Einstieg ist zu lang; zu
sehr leiterorientiert; zu theoretische Einführung; zu wenig
praxisorientiert; ist demotivierend; keine Beziehung zwischen
den Spielen und den Methoden, die später praktiziert werden;
Arbeitsmittel sind gleich denen, mit denen Schüler traktiert werden; Spiele müssen einzeln ausgeführt werden, die Methoden
werden gemeinsam durchgeführt; Dialektik: ungeeignete Ein-
stiegsmethode; Dialektik verdoppelt; Beliebigkeit der Probleme:
d.h. kein Zusammenhang zwischen den Problemen, die mit der
Kopfstandtechnik und der Dialektik behandelt wurden; kein
Vertrauen in der Hauptphase; Probleme waren vorgegeben;
Teilnehmer werden gegängelt; Probleme und Methoden passen
nicht zusammen (Dialektik); Zeit zu lang; Zeit zu kurz; Unzufriedenheit des Leiters überträgt sich.

Konstruktive Phase

Die im Brainstorming gesammelten Kritikpunkte werden in positive Statements umgewandelt.
Ein Spiel; Körper in Bewegung bringen; Einstieg: Zeit 30 Minuten; Hauptphase: 90 Minuten; Teilnehmer sollen zwischen
verschiedenen Methoden auswählen; Einführung sollte an-
schaulicher sein (z.B. mit Beispielen aus der Alltagspraxis);
„Kreisspiel" in der Gruppe durchführen; roter Faden zwischen
Anfangsspielen und späteren Methoden; eingesetzte Arbeitsmittel müssen attraktiv sein (mit ungewöhnlichen Sachen
hantieren); Einführungsspiele sollten immer in einer Gruppe
durchgeführt werden (Vertrauen wird hergestellt); geeignete
Einstiegsmethoden: Force-fit, Superposition, Dialektik, Brainstorming; kein roter Faden zwischen Einführungsspielen und
der Hauptphase; Problemsammlung in der ersten Hälfte durchführen (bevor Methoden angewandt werden); komplexe Pro-
blemformulierungen in weniger komplexe Fragestellungen
aufteilen; Seminar zu zweit durchführen; Visualisierung.

Folgender Lösungsvorschlag für eine Neukonzeption wurde erarbeitet:

■ Gruppenspiel
■ Problemsammlung
■ Kopfstandtechnik (mit einem Problem aus der
   Problemsammlung)
■ theoretischer Input (10 – 15 Minuten)

■ Methode durchführen (mit einem Problem aus der Problemsammlung)
■ Bewertung der Methode.

Bewertung der Lösungsideen und Entwicklung von Lösungsvorschlägen

Im Anschluß an die Lösungsvorschläge entwickelte sich unter den Mitgliedern der Arbeitsgruppe, vor allem auch vor dem Hintergrund der gemeinsamen Seminarerfahrungen, eine intensive Diskussion über die Rolle der Theorie und über deren Anteil in der Einstiegsphase. Sie erzielten dabei keine Übereinstimmung, formulierten aber einige offene Fragen:

■ Wieviel Theorie soll die Einstiegsphase beinhalten?
■ Welche theoretischen Punkte sollten berücksichtigt werden?
■ Ist ein theoretischer Teil überhaupt erforderlich?

3.3
Analogiemethoden

■ Analogietechnik

■ Klassische Synektik

■ Visuelle Synektik

■ Bisoziation

■

■

■

■

■

■

■

■

■ Analogietechnik

Die Methode

Die Suche nach Analogien ist ein uraltes Prinzip des wissenschaftlichen und künstlerischen Bereiches. Indem man Analogien zum Problem in anderen Wirklichkeitsbereichen sucht, werden verfestigte Denkstrukturen gelockert, umgestaltet und zu neuen Gedanken verknüpft.

In der hier beschriebenen Methode wird ausschließlich mit direkten Analogien gearbeitet.

Regeln der Methode

Bei der Analogietechnik wird nicht, wie es oft in der Wissenschaft geschehen ist, die Analogie als Argument, als Beweis gebraucht, sondern als Gelegenheit, sich von einer gegebenen Problemsituation zu lösen und so neue, originelle Problemlösungen zu entwickeln. Das können Bilder, Vorgänge, Tatbestände aus einem nicht unmittelbar mit dem Problem verbundenen Lebensbereich sein, sie müssen lediglich für die Teilnehmer der Sitzung einleuchtende, ähnliche Verhältnisse aufweisen. Dabei wird bewußt in Kauf genommen, daß zwei Tatbestände in unterschiedlichen Lebensbereichen nie identisch sind. Gerade aus der Analyse der Unterschiedlichkeiten, ohne dabei die Ähnlichkeiten zu vergessen, können neue Perspektiven für Problemsituationen und originelle Lösungsansätze entstehen.

Zeit:
ca. 45 – 90 Minuten

Material:
Tafel/Flipchart/Pinnwand
Moderationsmaterial

Teilnehmer:
ab 6 Teilnehmer

Durchführung

◼ Problemstellung
◼ Problemklärung
◼ Neuformulierung des Problems
◼ Sammeln von Spontanlösungen
◼ Die Kreativitätsgruppe sucht nach Analogien zu dem Problem in anderen, möglichst weit voneinander entfernten Lebensbereichen, z.B. bei technischen Problemen im Bereich der Natur, bei sozialen Problemen im technischen Bereich usw. Aus den gefundenen Analogien wird nun eine gemeinsam von der Gruppe ausgewählt. Ihre Struktur, ihre Funktionsweise, ihr Aussehen, ihre Einbettung in größere Zusammenhänge, ihr Verhalten usw. werden sorgfältig, soweit es die Mitglieder der Kreativitätsgruppe können, analysiert. Es können auch mehr als eine Analogie bei einer Sitzung analysiert werden, wobei mehr als drei Analogien den o.g. Zeitrahmen sprengen würden.
◼ Die Gruppe versucht hier, die in der Beschreibung bzw. Analyse der Analogie gefundenen Strukturen, Funktionen, Bedingungen usw. auf das Problem zu übertragen und so brauchbare Lösungsansätze zu finden.
Die gefundenen Lösungsansätze werden kritisch von der Kreativitätsgruppe beurteilt und weiterentwickelt.

Bewertung der Methode

Die Analogietechnik ist eine vielseitig verwendbare kreative Problemlösungstechnik. Sie ist den meisten Menschen aus dem Alltag bekannt, wie z.B. die Redewendung „das ist doch wie ..." zeigt. Sie erfordert, verglichen z.B. mit der klassischen Synektik, relativ wenig Zeit und verwendet dabei ausschließlich direkte Analogien. Schwierigkeiten treten in zwei Richtungen auf. Zwar gibt es genügend Analogien, aber nicht jede Analogie eignet sich für jedes Problem. Paßt eine Analogie nicht richtig zum Problem, wird die Ausbeute an Lösungsansätzen geringer sein, denn falsch gewählte Analogien behindern die Findung von Lösungsideen. Es kann aber auch passieren, daß die Gruppe keine passende Analogie zum Problemtatbestand findet. Eine Möglichkeit, dann doch noch ein brauchbares Ergebnis zu erzielen, besteht darin, zunächst ein Brainstorming zum Problem zu veranstalten. Aus dem Ergebnis des Brainstormings werden die besten Ideen ausgewählt und zu ihnen Analogien gesucht.

Beispiel Analogietechnik:

Ein Protokoll

Problemstellung

Wie steige ich in eine Tagung für 36 Teilnehmer ein?
– Einstiegsphase in Bildungsurlaubswoche
– Kennenlernen
– Hinführung zum Thema

Problemklärung (Problemauswahl)

– Kennenlernen und in die Arbeit reinkommen
– 36 Teilnehmer
– 1/3 Frauen
– Phantasie: Freizeit nicht im Vordergrund
– Veränderungsvorstellungen: die Vorstellung vom Frontalunterricht soll abgebaut werden

Neuformulierung des Problems

– Wie lernen sich 36 Teilnehmer kennen, um zusammenzuarbeiten?
– Wie gestalte ich eine Einführungsphase so, daß sich 36 Teilnehmer kennenlernen und zusammenarbeiten?
– Wie werden 36 Unbekannte schnell teamfähig?

Analogien (Techn. Bereich)

Autorennen; Metallbaukasten, der durcheinander geraten ist; Schiff bauen; Hebung eines havarierten (gesunkenen) Schiffes mit verschiedenen Kränen; Kramkiste; zentralgesteuerte elektrische Anlage in einem Hochhaus; Sackbahnhof; Autofriedhof;

61

Autoproduktion; computergesteuerte Modelleisenbahn; Magnet mit Eisenspänen; Müllsortieranlage; durch Mikroprozessor gesteuerter Fotoapparat

Analyse einer Analogie

Sackbahnhof

Alle müssen in der gleichen Richtung wieder raus wie sie reingekommen sind; durch Rangieren werden Fahrzeuge aus unterschiedlichen Zügen zu neuen zusammengestellt; Rangierpersonal, Weichen; alle anhalten; aussteigen; was vorne war, ist hinten; Kurswagen; Züge halten unterschiedlich lange; Reisebekanntschaften werden durch die Rangiertätigkeit unterbrochen und entwickeln sich neu; nur zueinander passende Wagen werden zu Zügen zusammengestellt; Züge und Reisende auf einer Ebene; Piazza-Charakter; Rangiersignale; bei Regen nicht naß werden; bei Richtungswechsel des Zuges umsetzen; längere Aufenthaltszeiten; Lok-, Personal- und Gleiswechsel; mehr Bahnsteige und Gleise; längere Wege für Reisende; bequemer, weil keine Treppen (Gepäck); leichter, sich mit Reisebedarf zu versorgen.

Übertragung und Ableitung von Lösungsansätzen

Gruppen von Teilnehmern, die sich schon kennen, auseinanderreißen; 4 Reizthemen in Raumecken und Zuordnung der Teilnehmer; Kleingruppenbildung und „Moderation" durch Teilnehmer; Sitzanordnung verändern; Leute einzeln begrüßen und zu Plätzen geleiten; geleitete Meditation/Besinnen und Diskussion in Kleingruppen; Wegweiser geben für Arbeitsformen/ Inhalte (Orientierungsdaten), die in unterschiedliche Richtung zeigen; verschiedene Inhalte in verschiedenen Räumen; Anreise: Bus nachstellen und neu zusammenstellen; Zeit vorgeben zur Einschränkung der Orientierungsphase als leichten Gruppendruck.

■ Klassische Synektik

Die Methode

Der Name „Synektik" kommt aus dem griechischen „synechein" und heißt übersetzt „zusammenfügen scheinbar zusammenhangsloser Sachverhalte". Die Synektik ist eine der klassischen Methoden der kreativen Ideenfindung. Sie wurde 1944 von William J. Gordon entwickelt. Die Grundidee der Synektik ist der Versuch, den meist unbewußten Phasenablauf kreativer Prozesse bewußt nachzuvollziehen. Sie benutzt dazu Analogien, die aus sehr unterschiedlichen Bereichen kommen können und die bei dieser Methode als das entscheidende Element des Kreativen angesehen werden müssen. Mit Hilfe von Analogien werden ungewöhnliche oder unkonventionelle Strukturen und Prinzipien auf das Problem übertragen und so neue Lösungsmöglichkeiten gewonnen. Anders gesagt: Weit auseinanderliegende Elemente werden zu einer neuen Struktur verschmolzen, die den Anforderungen an eine Lösung standhält. Die Synektik macht es möglich, Ideen aus dem Unbewußten ins Bewußtsein zu heben und zum Impuls für ausgefallene Problemlösungen zu machen.

Regeln der Methode

Bei der Synektik wird also das von kreativen Prozessen weithin bekannte 3er-Schema kreativen Denkens systematisch in einzelne Abschnitte zerlegt und nachvollzogen:

■ Problemklärung
Man beschäftigt sich intensiv mit einem Problem, d.h., man klärt, strukturiert und analysiert. Ferner werden erste naheliegende Lösungen aufgelistet und Patentlösungen abgelagert.

■ Inkubation
In dieser Phase geht man zum Problem räumlich und zeitlich auf Distanz. Man beschäftigt sich mit anderen Dingen oder entspannt sich, während gleichzeitig das Problem im Unbewußten weiterarbeitet.

■ Spontanes Bewußtwerden einer Lösungsidee
Aus der unbewußten Beschäftigung mit dem Problem steigen Ideen, Einfälle, Aha-Erlebnisse, Lösungsvorstellungen usw. auf, die auf ihre Tauglichkeit für das Problem untersucht werden.

Zeit:
2 – 4 Stunden

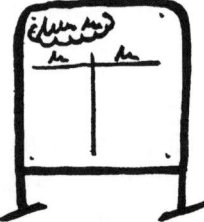

Material:
Pinnwand/Flipchart/Tafel/
Moderationsmaterial

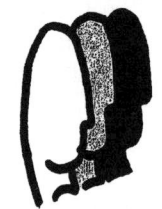

Teilnehmer:
ab 6 Teilnehmer

Durchführung

Auch bei dieser Methode sind die äußeren Bedingungen und die Verhaltensregeln die gleichen wie bei allen anderen Kreativitätstechniken, durch die Art ihres Ablaufs und ihr Zeitbudget entsteht jedoch eine intensive langfristige Gruppensituation. Nach einem genau festgelegten Stufenplan begibt sich eine Kreativitätsgruppe auf die synektische Reise, die den unbewußt ablaufenden kreativen Prozeß bewußt und systematisch simuliert. Die Bewußtmachung eines unbewußten Prozesses ist ein spannender Vorgang für die, die ihn einmal erlebt haben.
Doch nun zum Ablauf:
■ Problemstellung
■ Problemklärung
■ Sammeln von spontanen Lösungsvorschlägen
■ Neuformulierung des Problems
■ Bildung direkter Analogie
■ Die Bildung direkter Analogien ist der erste Schritt zur Verfremdung eines Problems. Die Teilnehmer werden aufgefordert, Analogien aus Lebensbereichen zu nennen, die möglichst weit weg vom Ausgangsproblem liegen. Es geht dabei um Phantasie und Spekulation, nicht um logisches Denken oder korrekte Sprache.

Beispiel: Bei technischen Problemen wird nach Analogien aus dem Bereich der Natur oder der Chemie usw. gesucht; bei sozialen Problemen aus dem Bereich der Technik, der Weltraumfahrt usw.

■ Auswahl einer Analogie und deren Analyse: Hier wählt die Kreativitätsgruppe eine der genannten Analogien aus und beschreibt bzw. analysiert die Analogie, z.B. nach Aussehen, Funktion, Umgebung usw. Es ist darauf zu achten, daß sich die Mitglieder der Kreativitätsgruppe völlig vom ursprünglichen Problem gelöst haben. Dabei wird angenommen, daß sich das Unbewußte trotzdem weiter mit dem Problem beschäftigt.

■ Die Stichworte der Beschreibung und Analyse werden schriftlich festgehalten.

■ Identifikation mit einer direkten Analogie: In diesem Schritt wird von den Teilnehmern der Kreativitätsgruppe verlangt, sich mit der ausgewählten Analogie zu identifizieren. Das heißt, der Moderator sollte die Mitglieder dazu auffordern, sich intensiv vorzustellen, sie selbst seien die ausgesuchte direkte Analogie, z.B.: „Wie fühlen Sie sich als Tanker? Schildern Sie einen Traum, den Sie als Sonnenblume haben könnten." Diese persönliche Identifikation ist für den Ablauf des kreativen Prozesses besonders wichtig. Sie stellt eine Regression dar, da hier von Erwachsenen verlangt wird, sich mit unbelebten Gegenständen zu identifizieren. Eine Fähigkeit, die Sie als kleines Kind hatten – nun im Erwachsenenalter aber wieder neu lernen müssen. In der Synektik erfolgt eine bewußte zeitweise Regression von Erwachsenen in die Kindheit, um den kreativen Prozeß anzuregen.

■ Symbolische Analogien bilden: Mit diesem Schritt wird die Regression wieder zurückgenommen, die Analogie auf ein hohes Abstraktionsniveau gehoben. Es geht hier darum, das Wesentliche einer Analogie zu erkennen und mit einem Begriff zu benennen. Zusätzlich gilt es, ein Adjektiv zu finden, das in einem Widerspruch zu diesem Begriff steht.

Beispiel: „Überlegen Sie bitte, was das Wesentliche an der ausgewählten Analogie ist, und benennen Sie es mit einem Wort. Fügen Sie bitte noch ein zweites Wort hinzu, das einen Widerspruch zum ersten oder eine Überraschung enthält. Erfinden Sie am besten einen Buchtitel, der diese Voraussetzungen erfüllt. Es wäre schön, wenn Sie eine sprachlich runde und poetische, symbolische Analogie finden würden. Für

Feuer könnte eine solche Analogie z.B. ‚lebender Tod' sein."

Die Bildung von symbolischen Analogien ist bei solchen Teilnehmern von Kreativitätsgruppen, die nur wenig Erfahrung mit Kreativitätstechniken haben, meist der Punkt, an dem sie nicht mehr erkennen können, wie man jemals wieder auf das ursprüngliche Problem zurückkommen wird.

■ Bildung von direkten Analogien auf der Basis einer symbolischen Analogie: Eine von diesen symbolischen Analogien wird zur weiteren Arbeit gemeinsam von der Kreativitätsgruppe ausgewählt. Nun werden aus einem neuen Bereich wieder direkte Analogien zu der ausgewählten symbolischen Analogie gebildet.

■ Auswahl und Analyse einer ausgewählten direkten Analogie: Jetzt wird eine der zuletzt gebildeten Analogien ausgewählt und beschrieben bzw. analysiert. Mit diesem Schritt ist die synektische Verfremdung beendet. Während sich die Gruppe bisher vom Problem entfernte, muß sie nun wieder sehen, wie sie die Verbindung zum Ursprungsproblem herstellt. Dazu verhilft der Schritt „Rückkoppelung zum Problem". Davor möchten wir jedoch noch eine ergänzende Methode erwähnen.

Phantastische Analogien

Wenn man will, kann man hier noch einen weiteren kreativen Schritt einbringen. Dabei wird mit jeder Realität gebrochen, indem Sie die Mitglieder einer Kreativitätsgruppe dazu bringen, zu formulieren, was sie in ihrer wildesten Phantasie mit dem Problem verbinden.

Beispiel: „Wie würden Sie das Problem lösen, wenn Sie zaubern/hexen könnten?"

■ Jeder Teilnehmer beschreibt seine Ideen zu dieser „phantastischen Analogie". Die Ergänzung individueller Einfälle durch andere Gruppenmitglieder ist erlaubt und erwünscht.

■ Rückkoppelung zum Problem: Im letzten Schritt wird auf das ursprüngliche Problem wieder zurückgegriffen. Es gilt jetzt, aus allen bisherigen Analogien und ihren Beschreibungen bzw. Analysen Elemente zu suchen, die sich auf das ursprüngliche Problem übertragen lassen, und daraus Lösungsansätze zu entwickeln. Dieser Schritt enthält die schöpferische Auseinandersetzung mit einem Problem. Hier entfaltet sich das Geheimnis der Synektik, indem das gesamte, während der Verfremdung erarbeitete Material für die Lösungssuche erschlossen wird.

■ Bewertung von Lösungsideen

Bewertung der Methode

Die Synektik ist eine schwierige, sehr zeitraubende Kreativitätstechnik, die weit vom Problem entfernte, ungewöhnliche Lösungsansätze ermöglicht, die im Einzelfall wirklich genial sein können. Im Gegensatz zur Analogietechnik werden bei der klassischen Synektik Analogien unterschiedlicher Abstraktionsgrade gebildet. Dieses Vorgehen erfordert allerdings neben viel Zeit auch eine extrem hohe Disziplin der Teilnehmer. Ferner erfordert sie eine gewisse Vertrautheit mit ihrem Ablauf. Der Erfolg stellt sich nicht spontan ein. Diejenigen, die sie anwenden wollen, müssen bereit sein anzuerkennen, daß Phantasie und Gefühl ebenso wichtig wie der Verstand sind. Aber: Die Synektik ist jene Methode, die am gezieltesten völlig neue Lösungsmöglichkeiten aufspürt. Sie kann vor allem für die Lösung komplexer, entscheidender bzw. wichtiger Fragestellungen eingesetzt werden.

Beispiel Klassische Synektik

Ein Protokoll

Problemstellung

Wie kann ich meine Arbeit so organisieren, daß sie mir Spaß macht?

Problemklärung

Routinearbeit, keine Anerkennung vom Vorgesetzten, zurückhaltendes Taktieren

Spontanlösungen

■ Neues Planen und Organisieren
■ experimentieren
■ den Mut, eigene Forderungen durchzusetzen (Kleingruppenergebnisse sind nicht vermittelbar in Großgruppen)
■ sich austauschen, diskutieren mit betroffenen Kolleginnen und Kollegen

67

- Unbehagen thematisieren
- Tapetenwechsel/Urlaub
- Rollenwechsel
- positives Feedback
- nächstes Seminar mit unzufriedenen Teilnehmern planen
- Tagebuch schreiben

Neuformulierung des Problems

- Wie erhalte ich mir das Engagement, den Spaß an meiner Arbeit?
- Wie bleibe ich innovativ, kreativ und neugierig in meiner Arbeitsgestaltung?
- Wie motiviere ich mich jeden Tag neu?

Bildung direkter Analogien

Wasserrad, Wiederaufbereitungsanlage, Windmühle, Akku, vier Jahreszeiten, Komposthaufen, Kraftwerk, Karussell, Bauernhof, Künstler, Fließbandarbeiter, Bienenstock, Stellwerk, Lego-Spiel, Marionetten-Theater.

Auswahl einer Analogie und ihre Analyse

Bienenstock:
Wirrwarr, hektische Bewegung; nicht unmittelbar erkennbare Produktion; Bienen arbeiten emsig und kollektiv; es wird ein begehrtes Produkt erzeugt; Bienen kommen weit herum, haben aber einen ständigen Wohnsitz; Bienen arbeiten nach einem bestimmten System; Männer haben eine untergeordnete Funktion; Bienen sind neugierig, entdecken viel; Bienen informieren sich gegenseitig, wo Nektar zu holen ist; Bienen sind in der Natur bedroht; Bienen halten Winterschlaf, werden aber mit Zucker versorgt; Bienen werden ihres Produkts beraubt; Bienen stechen und sterben dabei; Bienen fliegen viele schöne Blüten an; Bienen tragen wesentlich zum Wachstum der Pflanzen bei; Bienenstock ist ein abgeschlossener Raum, aus dem die Bienen aber ausschwärmen; Bienenstock muß vor Eindringlingen geschützt werden; der Imker öffnet den Bienenstock und entnimmt die Waben; im Bienenstock sind Funktionen genau verteilt; Bienenstock ist in Waben gegliedert; Waben werden von Bienen hergestellt oder vom Imker zur Verfügung gestellt; der Imker stellt die Arbeitsbedingungen her; Bienenstöcke werden von einem Ort zum anderen transportiert; Bienenstock wird von den Bienen in Ordnung gehalten.

Identifikation mit der ausgewählten Analogie

Ich vibriere; ich summe und dufte gut; ich werde beraubt; ich bin viel in Bewegung; ich bin eine Schatztruhe; ich glühe vor Arbeitseifer; ich diene zur Erheiterung; ich habe Angst, daß ich geöffnet werde; ich wechsle oft meinen Standplatz; ich platze aus allen Nähten; ich hab's eilig; ich ruhe mich regelmäßig aus; ich flöße Menschen Angst ein; wenn ich bedroht werde, kann ich mich wehren; ich werde ins Grüne gefahren; ich bin allen Witterungsbedingungen ausgesetzt; ich werde vom Imker versorgt; im Frühjahr kribbelt's und krabbelt's am schönsten; bei mir ist immer was los; mir nähert man sich nur vermummt.

Symbolische Analogien

Güldenes Sirren; beherrschte Freiheit; Gold durch Schweiß; geeinte Masse; Lebenskraft schaffen – Arbeitskraft ausbeuten; Genußbringer – Mühsalfordernder; konstruktive Unruhe; bitter(e) (ergatterte) Süße; zielstrebiger Wirrwarr; naturreiner Chemieprozeß; fröhliche Sisyphusarbeit; eine für alle – alle für eine; ruhendes Arbeitstier; Monotonie und Kunstwerk; das Teil und das Ganze; bienenfleißige Künstler; Atelier und Bienenstock; Künstlerfabrik; vernichtende Energieherstellung; geordnete Verwirrung; beraubte Schatztruhe; geliebte Abschreckung; bewegte Heimat; versorgte Selbsthilfe.

Bildung direkter Analogien auf der Basis einer symbolischen Analogie

Bittere Süße:
Pillen, Plastiktüte, Atomkraftwerk, Fernseher, Auto, Fließbandarbeit, Schreibautomat, sich selbst aufblähende Plastikluftballons, Telefon, Plastikbecher, Röntgenaufnahmen.

Auswahl und Analyse einer ausgewählten direkten Analogie

Telefon:
Es klingelt; immer zur Hand; ich bin von weit entfernt Wohnenden erreichbar – Kontrollfunktion; erreichbar zu jeder Tageszeit, an vielen Orten; ich kann selbst mit anderen Verbindung aufnehmen; Arbeitserleichterung und Zeitersparnis; einsparen langer Wege; Briefe schreiben nicht nötig, direkte Kommunikation; muß mich stören lassen; stört mich ständig; kann zum

Kommunizieren gezwungen werden; kann Rettung bringen; macht mich erreichbar, auch wenn ich nicht da bin; hindert mich am Schreiben; erspart es mir, Gedanken klar zu formulieren; kann Menschen entfremden; Kontakte aufrecht erhalten.

Rückkoppelung zum Problem

Anspruch auf eine bezahlte Arbeitspause, in der die Institution für Mitarbeiterinnen und Mitarbeiter Fortbildung organisiert; die Institution darf uns nicht von unseren Adressaten entfremden; gemeinsam mit Kollegen in der Institution arbeiten; Möglichkeit des Sabbatical Day; regelmäßige Arbeitszirkel mit Kollegen aus Region (Balintgruppe); Institution sollte vor unberechtigten Angriffen von außen abschirmen; gegenseitige Besuche, Hospitationen bei Kollegen; vernünftige und sachgerechte Aufgabenverteilung in Institution; kollegiale Supervision; Überprüfung des eigenen sozialen Verhaltens; Möglichkeit des zeitweisen Rückzugs vom Arbeitsplatz (Haustag) nach meinen Vorstellungen; eigene Arbeit sollte bei Darstellung der Arbeit der Institution entsprechend gewürdigt werden; positives Feedback von Leuten, mit denen man umgeht bzw. die Vorgesetzte sind; Möglichkeit des „Bildungsurlaubs" in schöner Gegend (Deutschland/Ausland); Möglichkeit zu überprüfen, ob Arbeitspensum Kreativität und Neugier zuläßt; Kontakte, die ich für wichtig erachte, muß ich aufrecht erhalten können; lernen, wie ich offen für Kritik werde und sie positiv bewältigen kann; meinen Selbstwert kennenlernen, wo ich stehe, was ich geleistet habe; nicht immer Neues in Seminaren bringen müssen.

Bewertung der Lösungsideen

Die Bewertung erfolgt wie bei anderen Methoden auch. In diesem Falle entschieden die Experten aufgrund ihrer Erfahrungen über Praktikabilität und Qualität der Vorschläge.

■ Visuelle Synektik

Die Methode

Die visuelle Synektik ist eine reizvolle Variante der klassischen Synektik. Wie diese versucht auch sie, den oft unbewußt ablaufenden kreativen Prozeß systematisch herbeizuführen. Im Gegensatz zur klassischen Synektik erfolgt hier die für kreative Lösungen förderliche Entfernung vom eigentlichen Problem nicht über sprachliche Mittel, sondern über Bilder (Fotos, Gemälde, Zeichnungen, Collagen usw.). Dabei geht es genau wie in der klassischen Synektik darum, eine zufällig gegebene Struktur („Reizstruktur") auf ein Problem zu übertragen und dabei festzustellen, was diese Struktur zur Lösung beitragen kann.

Die Regeln der Methode

Bei der visuellen Synektik werden gedankliche Strukturelemente aus einer bildhaften Darstellung herausgelöst und auf ihre Brauchbarkeit zur Problemlösung bzw. zur Ideenanregung allgemein untersucht. Zu diesem Zweck beschreibt und analysiert eine Kreativitätsgruppe vorgelegte Bilder, wobei die Motive der Bilder keine Rolle spielen. Die bildlichen Reizqualitäten oder Reizstrukturen und ihre jeweilige subjektive bzw. gruppeninterne Widerspiegelung bilden Anregungen, Hinweise auf brauchbare Lösungsstrukturen und Lösungsideen. Auch für die visuelle Synektik gelten die Verhaltensregeln des Brainstormings (Diskussionsregeln, Trennung von Ideenproduktion und Ideenkritik usw.).

Zeit:
60-90 Minuten

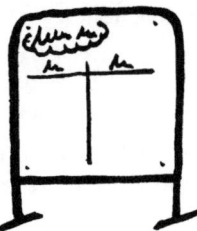

Material:
Pinnwand/Flipchart/Tafel/Bilder
zur visuellen Anregung/
Moderationsmaterial

Teilnehmer:
ab 6 Teilnehmer

Durchführung

■ Problemstellung
■ Problemklärung
■ Neuformulierung des Problems
■ Sammeln von Spontanlösungen
■ Es werden ca. 3 – 6 Bilder (Dias, Fotos, Gemälde, Zeichnungen, Werbefotos usw.) zu einem vorgegebenen Problem zusammengestellt. Die verschiedenen Bildinhalte brauchen nicht thematisch aufeinander abgestimmt zu sein. Sie brauchen sich auch nicht auf das vorgegebene Problem zu beziehen. Die Bilder werden nacheinander für alle Mitglieder gut sichtbar gezeigt. Jeder Teilnehmer beschreibt bzw. interpretiert die gezeigten Bilder.
Dabei nennt er vor allem diejenigen Bestandteile der Bilder, die ihn besonders beeindrucken. Auch Assoziationen, Gefühle, Phantasien zu den Bildinhalten sollten genannt werden.
■ Nach der Bildbeschreibung bzw. -analyse versucht die Gruppe gemeinsam, aus der Beschreibung Lösungsideen abzuleiten. Die einzelnen Beschreibungsinhalte dienen dabei als Anregung für die Entwicklung von Lösungsideen. Wenn der Ideenfluß stockt, wird zur nächsten Bildbeschreibung übergegangen.
■ Die erarbeiteten Lösungen bzw. Lösungsideen werden von der ganzen Kreativitätsgruppe kritisch unter die Lupe genommen und gemeinsam weiterentwickelt.

Bewertung der Methode

Die visuelle Synektik eignet sich nach unseren Erfahrungen vor allem zur Planung und Vorbereitung von Projekten, zur Vorbereitung von langfristigen Änderungen der Organisationsstruktur, aber auch zur Klärung von Beziehungsproblemen. Sie ist weniger geeignet für Probleme, bei denen es um relativ schnelle Entscheidungen unter vorgegebenen Rahmenbedingungen geht. Die visuelle Synektik führt zu oft überraschenden, unerwarteten Lösungsideen. Die unterschiedlichen visuellen Elemente regen vielfältige Lösungsformen an, erfordern jedoch einen gewissen Zeitaufwand und eine entspannte, ruhige Atmosphäre.

Für das Gelingen der visuellen Synektik ist es notwendig, daß die Kreativgruppe die Fähigkeit besitzt, die visuelle Struktur der Bildelemente unkonventionell aber adäquat auf die Problemstruktur zu beziehen. Dies muß geübt werden und erfordert Disziplin. Die visuelle Synektik hat neben dem abwechslungsreichen Umgang mit schönen Bildelementen auch noch den Vorteil, daß sie erheblich weniger Zeit beansprucht als die klassische Synektik.

Beispiel Visuelle Synektik:

Ein Protokoll

Problemstellung

Wie trage ich Differenzen mit Mitarbeitern aus?

Problemklärung

Gleiche Hierarchie, offen umgehen, Kritikfähigkeit, Störungen in Beziehungen, Angst vor Nackenschlägen, sachliche Differenzen, rausrücken mit Unzufriedenheit.

Neuformulierung des Problems

■ Wie stelle ich Offenheit her, ohne Vor- oder Nachteile zu erleiden?
■ Wie schaffe ich es, daß Kollegen mit ihrer Kritik rausrücken und umgekehrt?
■ Wie kann ich Kritik äußern, die Klarheit schafft?
■ Was kann ich tun, um konstruktiv zu kritisieren?

Spontanlösungen

Lieb sein, Cognac, Bier, süß-saure Soße

Durchführung

Erstes Bild:

Sonne, Südsee, Wärme, Urlaub, warme Farben, Naturzustand, Genuß, völlig frei, Beobachtung, loslassen, Frauen, frische Fruchtsäfte, Schattendach, Schönheit, träumen, Trauminsel, Traumschiff, Fragen an mich, abhauen, Romantik, klare Farben, Idyll, Beschaulichkeit, Frieden, zeitlos, klarer Lebenslauf, unsichtbar, warten.

Zweites Bild:

Durcheinander, schwarz, blau, spitz, grober Pointilismus, feinmotorischer Grobidiot, Tintenkleckse, Kinderzeichnung, Krokodilhaut, nicht ansprechend, Konkurrenzkampf unter Fischern, Fleißarbeit, und trotzdem Psychomalerei, Schule, Mosaik, Küstennebel, Schnaps, Dänemark, Chaos, Bild zuhängen, hängendes Schiff, Papierschiffchen.

Drittes Bild:

Märchen, Kinderbuch, Hahnenschrei, Hühnersuppe, Feuerball, ich mag dich sehr, Konsum, Romantik, unbeteiligt sein, warme Abendstunde, „Honeymoon", das große Fressen, Hähnchen-Formschnitzel, Ritt ins Ungewisse, Flug ins Ungewisse, ich stehe hier und kann nicht anders, Lüstling, Wiener Waldritt, geschmückter Pfau, nur Ansicht, nicht Einsicht, verrückte Konstellation, ohne Mond wäre alles anders, deutsches Happy-End, dekorativ.

Lösungsideen

Angenehme Atmosphäre schaffen; eigenen Standpunkt in Frage stellen; bei aller Kritik nicht so scharf formulieren; den anderen wahrnehmen und annehmen; Freiräume zugestehen; freundliche Worte finden; genügend Zeit nehmen; Solidarität herstellen; mehr Sicherheit verschaffen; störende Einflüsse fernhalten; vorher klarmachen, welche Folgen die Kritik hat, d.h. wo ich hinterher stehe; sich irreale Anteile der Kritik bewußt machen und sich ihrer entledigen; klare Begrenzung des Gegenstandes der Kritik; den Maßstab der Kritik deutlich machen; den Anlaß der Kritik überschlafen bzw. überdenken; nicht vorher einlullen; Anerkennung der Stellung/Position/Interessen des anderen; klare Strukturierung des Gesprächs, keine Schematisierung; neutralen Dritten (Supervisor usw.) hinzuziehen; feste Kritikstunde; die Kritik vorher für sich formulieren; ich mache die Kritik als die meine deutlich; Goldfisch kritisieren (Kritikübungen einrichten); Bewußtmachen von Antipathien und diese vielleicht vermeiden; Pinnwand zur Dokumentation der Kritik; Mail-Box aufmachen; Geltungssucht zurückstellen; Bemühungen anerkennen; Kritikschiffchen, d.h. eine Kritikkorrespondenz herstellen, sich Kritik schreiben; Menge der Kritik dosieren (z.B. immer nur drei Punkte); Dokumentation der Fortschritte in der Kritik, Lobeshymnen.

■ Bisoziation

Die Methode

Durch die Kreativitätstechniken, die auf dem Prinzip der Assoziation beruhen, wie z.B. Brainstorming, Brainwriting usw., werden oft zwar viele brauchbare Ideen entwickelt, selten aber außergewöhnliche oder originelle Vorschläge gefunden. Dazu bleiben diese Kreativitätstechniken noch zu stark an die vorhandenen Erfahrungen, Erlebnisse, Denkstrukturen und Informationsmuster gebunden.
Eine Kreativitätstechnik, bei der bewußt neue Erfahrungen, neue Informations- und Denkmuster gesucht und mit einem zu lösenden Problem verknüpft werden, um kreative Ideen anzuregen, ist die Bisoziation.

Regeln der Methode

Bei der Bisoziation geht man von einem willkürlich ausgesuchten Bild aus, das man benutzt, um von den hergebrachten Wegen der Problembetrachtung wegzukommen und sich zu neuen Ideen anregen zu lassen. Der Grundgedanke dabei ist der Versuch, durch die Übertragung der Gesetzmäßigkeiten eines völlig zufälligen Bildes auf ein zu lösendes Problem neue Lösungsansätze zu finden. Im Gegensatz zur Synektik, die mit unterschiedlichen Arten von Analogien arbeitet, arbeitet die Analogiemethode ausschließlich mit direkten Analogien.

Zeit:
ca. 60 – 90 Minuten

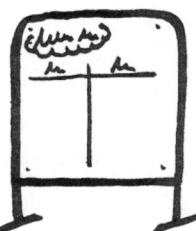

Material
Pinnwand/Flipchart/Tafel/
Bilder/Moderationsmaterial

Teilnehmer:
ab 6 Teilnehmer

Durchführung

◻ Problemstellung
◻ Problemklärung
◻ Neuformulierung des Problems
◻ Zunächst wählt die Gruppe gemeinsam ein Bild aus, durch
das sie sich zu neuen Ideen anregen läßt. Die Auswahl
verläuft völlig willkürlich, folgende Aspekte sollten jedoch
berücksichtigt werden:
• Das Bild sollte anschaulich sein, nicht jedoch kompliziert
oder umfassend.
• Es sollte Freude machen, sich mit dem Bild zu beschäfti-
gen. Das Bild sollte für die Kreativitätsgruppe anregend
sein.
• Die Gruppe muß das Bild beschreiben, begreifen und analy-
sieren können. Es hat also keinen Zweck, das Bild
„Mikroprozessor" zu wählen, wenn die Gruppe nicht in der
Lage ist, den Aufbau, die Arbeitsweise, das Prinzip und die
Funktion eines Mikroprozessors genauer zu beschreiben.
• Das Bild sollte möglichst weit entfernt von dem zu lösenden
Problem sein. Solche Bilder können sein: Libelle, Teich,
Zauberer, Gazelle, Sommerflieder, Ei, Schönheitskönigin,
Popstar, Berg, Waschmaschine usw.
Das ausgewählte Bild wird dann von der Gruppe sorgfältig
beschrieben und analysiert.
◻ Die Teilnehmer entwickeln Lösungsansätze, indem sie
versuchen, die gefundenen Strukturen, Besonderheiten und
Gesetzmäßigkeiten des Bildes einzeln auf das Problem zu
übertragen.
◻ Die gefundenen Lösungsvorschläge werden von der
Kreativitätsgruppe daraufhin kritisch beurteilt und
weiterentwickelt.

Bewertung der Methode

Die Bisoziationstechnik bietet sich dort an, wo es darum geht, neue, ungewöhnliche Lösungen bzw. Ideen für ein Problem zu suchen. Dabei ist es erforderlich, über die allgemeinen Bildverknüpfungen hinaus die Strukturen des Bildes einzeln zu übertragen und auf die dadurch evtl. sich eröffnenden konkreten Lösungsvorschläge hin abzuklopfen. Neben einer gehörigen Portion Phantasie erfordert dies aber von allen Teammitgliedern, daß sie diese Technik kennen oder sie schon einmal ausprobiert haben. Sie sollten sie sonst zunächst allein üben, um sich in diese Denkweise einzuarbeiten.

1. Beispiel Bisoziation

Ein Protokoll

Problemstellung

Was muß ich tun, damit die Politiker die gemeinsamen Interessen der Weiterbildungseinrichtungen überzeugend vertreten?

Problemklärung

Lobby, Kontakte, Wichtigkeit, Bedeutung der Arbeit vor Ort, Argumentationshilfen, Hierarchie/Solidarität, Interessenlosigkeit überwinden, Umverteilung von Mitteln, Laien überzeugen (Politiker).

Neuformulierung des Problems

Wie können Politiker davon überzeugt werden, daß Weiterbildung eine wichtige bildungspolitische Aufgabe ist?

Auswahl eines Phantasiebildes

Pfau:
- schillernd, bunt, graziös, eitel
- Krone, „schrille Lockrufe", Imponiergehabe
- Einzelgänger
- zurückhaltend und reizbar

■ unauffällig und aufbrausend zugleich
■ extrovertiertes Balzverhalten
■ Reichtum, Luxus, Exklusivität

Ableiten von Lösungsvorschlägen und Verknüpfung des Bildes mit dem Problem

Die Weiterbildung muß sich bei Angriffen reizbar zeigen und sich wehren! Weiterbildung zu bescheiden, muß sich aufplustern; Weiterbildung = jedem Menschen seine Krone und ein selbstbewußtes, königliches Gefühl; Pfau im Zoo = Bildung für alle! Buntheit – Vielfalt der Weiterbildung darstellen; Reichtum, Luxus, Exklusivität strahlt auf den „Besitzer" aus; mich nicht einschüchtern lassen; aufrichten, aufstehen (wer sich nicht wehrt, lebt verkehrt); Imagepflege für die Politiker; die Weiterbildung muß auf sich aufmerksam machen! Die Weiterbildung muß ihr ganzes Fächerspektrum aufzeigen!
Mensch immer mehr mit Freizeit konfrontiert, Bereich für Weiterbildung (= Freizeitbewältigung); Angebot der Weiterbildung ist bunt/schillernd (Bossesyndrom), stellt überzeugend die Vielfalt dar (Kosten-Nutzen); sich glänzend darstellen; durch auffällige Aktionen zum Staunen bringen; Zurückhaltung aufgeben; Reserven (Argumentationsketten) haben; durch Qualität bestechen; Pflicht zur Repräsentation; öffnen z.B. im Hinblick auf Politiker; Einzelgängertum überwinden durch gemeinsame Aktionen aller Weiterbildungsträger; Weiterbildung aus ihrer Exklusivität herausholen; sicher die Meinung vertreten; nicht zurückhaltend sein; farbige Programmgestaltung; Betroffenheit herstellen; farbig gefüllte Inhalte vermitteln – sich nur aufplustern, wenn volles Programm;
Breitenbildung, keine Elitenbildung! Pfauenfedern verleihen; durch wohldosiertes Reizen (Programminhalte) zur Auseinandersetzung „zwingen"; meine Spielräume und rechtlichen Möglichkeiten kennen und nutzen; Aktionen starten; reißerisches Thema; indirekter Einfluß durch originelle Öffentlichkeitsarbeit; von der Bedeutung meiner Arbeit überzeugt sein; von Reaktionen berichten; wertvoll für das Leben; durch Qualität auffallen; Ergebnisse vorstellen, transparent machen.

Bewertung der Lösungsideen

Aus der Vielzahl vorhandener Lösungsansätze wurden die Ideen hinsichtlich ihrer Realisierbarkeit überprüft. Die Entscheidung darüber, welcher der Ansätze geeignet sei, nahm der

Problemeinbringer selber vor anhand persönlicher, erfahrungs-
bedingter Kriterien.

2. Beispiel Bisoziation

Ein Protokoll

Die Problemneuformulierung lautet:

Wie kann die Volkshochschule eine bessere künstlerische
Wahrnehmung vermitteln?

Bild

Folgende Bilder standen zur Auswahl: Fahrrad, Kuckuck,
Schornstein, Musikant und Tausendfüßler. Der Tausendfüßler
wurde ausgewählt.

Tausendfüßler:
1000 Füße, lang, biegsam, Insekt, Käfer oder Raupe, Rücken
wie ein Kneifer, flach, schlängelt sich, zierliche Füße wie bei
Fliegen, die wie Haare arbeiten, lebt im Dunkeln, unter der
Erde, Orthopädenschreck, wendig, ein bißchen ekelhaft, langsam, klein, aalglatt, geschmeidig, empfindlich bzw. verletzbar,
braucht keine Krücken, irritierbar, nützlich, macht Läuse kaputt,
hat Fühler, aber keine Augen, kein Zootier, einzigartig, Hühner
picken es, geht nicht in die Schule, um zu lernen, taucht überraschend auf, braucht gerade Tanzstunde, Koordinationsproble-
me, hat Schwierigkeiten beim Purzelbaum.
Zum Zwecke der Herstellung einer Verknüpfung zwischen Tier
und Problem wurde Packpapier in die Mitte auf den Boden
gelegt, und die Assoziationen zwischen Eigenschaften des Tau-
senfüßlers und der Problemlösungsmöglichkeit wurden aufgeschrieben:
■ Die Kursteilnehmer sollen als Tausendfüßler verkleidet ins
   Museum geschickt werden.
■ Die Teilnehmer sollen etwas Einzigartiges machen.
■ Kreatives muß nicht immer schön sein, kann auch etwas
   ekelhaft sein.
■ Stell dir vor, du siehst einen Tausendfüßler nur von vorn und
   du weißt nicht, was noch alles kommt.

Ableiten von Lösungsansätzen (Interpretation)

Kunst steht auf 1000 Beinen. Kunst ist nichts Ekelhaftes, auch wenn es manchmal so aussieht. Auch auf dunkle, unterirdische Schichten einlassen. Geschmeidig, einfühlsam reagieren auch auf untere Schichten, welche möglicherweise schlummern. Kunst ist überall, nicht nur im Museum. Kunst braucht keine Krücken, sie wirkt in sich. 1000 Füße, 1000 neue Eindrücke. Sich von der Kunst überraschen lassen, jeder Fuß ist anders. Man kann sich auf alle Füße konzentrieren.

Haben Kursteilnehmer etwas mit dem Tier zu tun? (Transfer)

Jeder Kursteilnehmer ist irritierbar und verletzbar. Schwierigkeit, 1000 Füße in eine Richtung zu bekommen. Mut, aus dem Gleichschritt herauszutreten. Mut, einander anzufassen. Mut, eine neue Form, neues Material, eine neue Idee anzufassen. Mut für 1000 Ideen. Mut, auch einen Purzelbaum zu schlagen. Unsicherheit, wo es langgeht. Höhle zuerst als Schutzraum lassen. Experimentieren im Schutzraum. 1000-Füßler sich bewegen lassen und nicht gleich tottreten. Nicht jede Idee im Keim ersticken, sondern fördern.

Auswertung

Einen Lernortwechsel vorsehen. Begegnung mit alltäglicher und nichtalltäglicher Kunst, um neue Begegnungen zu ermöglichen. Gruppe stärken, damit die Gruppe etwas Neues schaffen kann, sich neuen Ideen zuwenden kann. Zusammenfügung des Tausendfüßlers zur Stärkung. Verkleidung, um die Schwellenangst zu verringern. Schutz vor dem Anspruch der Kunst. Verkleidung auch als Abenteuerbereitschaft. Animation, etwas Einzigartiges herzustellen.

Bewertung der Lösungsideen

Eine andere Möglichkeit der Bewertung ist das Punkte-Verfahren. Jeder Teilnehmer erhält eine bestimmte Anzahl von Punkten, die er dann den Ansätzen zuordnet, die ihm persönlich besonders gut gefallen. Die Auswahl erfolgt nicht nach vorher festgelegten Kriterien, sondern rein intuitiv.

Die beliebtesten Ideen werden dann in einem weiteren Schritt differenzierter betrachtet und eingehend geprüft.

Anmerkungen zum Gruppenprozeß

Die Übertragung der bildhaften Ideen auf die praktische Lösungsebene verlangt von den Teilnehmern ein hohes Maß an Konzentration, dabei sind einige aktiver als andere. Ein Kursteilnehmer konnte am Schluß nicht mehr viel damit anfangen und ist ausgestiegen. Der Moderator muß dies akzeptieren und sollte das Aufgeben des Teilnehmers nicht weiter bewerten.

3.4
Reizwortmethoden,
Methoden der
Zufallsanregung

■ Superposition

■ Lexikon-Methode

■ Katalog-Technik

■ Force-Fit-Spiel

■ Semantische Intuition

■

■

■

■

■

■

■

■

Raud für Notizen

■ Superposition

Die Methode

Die Superposition ist die Grundform der Reizwortmethoden. Sie basieren alle auf der Erkenntnis, daß man für ein Problem dann neuartige Lösungen finden kann, wenn bis dato voneinander getrennte Erfahrungsbereiche miteinander verknüpft werden. Unser Bewußtsein baut im Laufe des Lebens verschiedene Erfahrungsmuster mit sehr früh festgelegter Struktur auf. Dieses Muster wird von uns ständig reproduziert. Im Umgangssprachlichen korrespondiert damit der Ausdruck „Schubladendenken". Sollen bisher getrennte Muster miteinander verbunden werden, ist ein Eingriff von außen notwendig, um diesen Prozeß in Gang zu setzen. Die Aufmerksamkeit, ein psychisch passiver Prozeß, muß von etwas anderem, Neuem gefesselt werden. Dadurch wird die Konzentration auf die Elemente verhindert, die sich eher in die herkömmliche Betrachtungsweise einer Situation einpassen. Ein zusätzlicher, kreativitätsfördernder Nebeneffekt bei der Superposition und im übrigen bei allen Methoden der Zufallsanregung ist die zeitweilige Entfernung vom Problem. Dies läßt sich mit dem (scheinbaren) Paradoxon „planvolle Herbeiführung von Zufällen" beschreiben.

Regeln der Methode

Bei der Superposition wird die Verknüpfung bisher voneinander getrennter Erfahrungsbereiche durch die Verlagerung der Aufmerksamkeit auf etwa 7 – 12 Reizworte erreicht. Entweder werden die Reizworte direkt auf das Problem bezogen, um assoziativ Lösungen zu entwickeln, oder zu den Reizworten wird zunächst frei assoziiert, und die Assoziationen werden auf das Problem rückbezogen. Wegen der Einführung der Reizworte wird die Superposition auch Reizwortanalyse genannt.

Zeit
ca. 2 Stunden

Material:
Pinnwand/Flipchart/Tafel/
Moderationsmaterial/Liste mit
Reizwörtern

Teilnehmer:
ab 6 Teilnehmer

Durchführung

- Problemstellung
- Problemklärung
- Neuformulierung des Problems
- Sammeln von Spontanlösungen
- Aus einer Reizwortliste werden 7 – 12 Wörter nach dem
  Zufallsprinzip ausgewählt. Die Liste kann auf
  unterschiedliche Art und Weise entstehen. Entweder der
  Moderator gibt eine Liste vor, oder die Zusammenstellung
  erfolgt durch Nennung der Seitenzahl und des
  soundsovielten Hauptwortes aus einem Buch. Der Moderator
  entscheidet sich nach persönlicher Präferenz für eine der
  Möglichkeiten. Die Reizworte werden für alle sichtbar notiert.
- Lösungsfindung
  Die Reizworte werden auf das Problem bezogen, und
  Lösungsideen werden entwickelt. In einem weiteren Schritt
  werden freie Assoziationen zu den Reizworten durchgeführt.
  Im Anschluß daran werden die Assoziationen auf das
  Problem bezogen und Lösungsideen entwickelt.

■ Bewertung der Lösungsideen
Die gefundenen Lösungsideen werden von der Gruppe
kritisch bewertet und weiterentwickelt.

Bewertung der Methode

Die Konzentration auf die Reizworte verhilft dazu, eingeschliffe-
ne Denkmuster zu verlassen und so überraschende Lösungen
für Probleme zu finden.
Der Rückbezug der Reizworte auf das Problem und die damit
einhergehende Lösungsentwicklung ist nicht immer einfach.
Übung und große Disziplin der Gruppenmitglieder sind daher
unabdingbar.

Beispielsammlung von Reizwörtern/Zufallswörtern:

Anemone	Mädchen	Sommer
Mond	Teller	Deichsel
Katalysator	Senior	Schrot
Rechtsanwalt	Halskette	Hupkonzert
Röhrenpilz	Schlüpfer	Glücksbringer
Gluthitze	Balljunge	Blütenblatt
Einengung	Fingerhut	Farbfilm
Bergsee	Kleingebäck	Schlangenbeschwörer
Industriedesign	Kettenbrief	Theater
Üppigkeit	Unfallflucht	Landwein
Melodiereigen	Netzhaut	Vormittag
Zusammenhang	Schwan	Unkraut
Tiefausläufer	Parkbank	Grübchen
Alpenjäger	Rühreier	Türkei
Puppe	Liegestuhl	Segel
Pendeluhr	Kreuzfahrt	Katze

Beispiel Superposition

Ein Protokoll

Problemformulierung

Wie erreiche ich es, daß Schulberater in der Einzelfallarbeit
stärker vor Ort, d.h. in der Schule mit den am Beratungsprozeß
Beteiligten (z.B. Lehrern) zusammenarbeiten?

Auswahl von Reizwörtern

Atomleiche, Rußland, Vorschlag, Wald, Verkaufsargument, Menschen, Energie.

Entwicklung von Lösungsideen

Atomleiche:
Den Ort der Einzelfallarbeit attraktiv gestalten; Beratungsstelle muß mehr Vertrauen ausstrahlen; Atomisierung aufheben (Vereinzelung); Angst vor Explosion; eruptives Verhalten; Unbeweglichkeit aufheben; Starre aufheben.

Rußland:
Unverständliche Sprache; Ferne der Schule aufheben; Umgebung vertrauter gestalten; Berater sollen ihre Pelze/Nerze ausziehen und die Wodkaflasche öffnen; Chef = Kremlchef; undurchdringliche Mauer; Steppen im Lehrerzimmer; nicht diktatorisch vorgehen; Vertrauen aufbringen; Kontrolle; Gefühl der Bedrohung; gemeinsam Vorschläge erarbeiten; nicht mit dem Hammer draufhauen; Perspektiven erweitern; auf Vorschläge eingehen; Husten des Amtsleiters einschränken; Vorschlag ist besser als Nachschlag; Privilegien abbauen/ausbauen; den Zucker besser in den Tee; nicht den Kopffüßler spielen; statt mit dem Auto mit der Straßenbahn fahren.

Wald:
Vor lauter Wald die Bäume noch sehen; nicht im Paragraphen-Wald verstecken; den Wald vor lauter Bäumen noch sehen; einen frischen Wind durch die Bäume wehen lassen; den Wald nicht sterben lassen; neue Besen kehren gut; abholzen; ausbrennen vs. auftanken; nicht zu stark verwurzeln; mal Rotkäppchen spielen.

Verkaufsargument:
Überredungskunst; Sprachniveau; Ladenhüter; zum Kunden gehen; Werbegeschenke; eine Beratung umsonst; einwickeln; Hausberatung; wer viel begründet, hat Angst; Liegeberatung/ Saunaberatung; Entspannungstechniken einsetzen; man kann mir alles nehmen, nur nicht meine Ausreden; Fachwissen verständlich ausdrücken.

Menschen:
Mensch, bleib Mensch; bleiben Sie Mensch, Herr Psychologe; hier bin ich Mensch, hier darf ich's sein; Sympathie – Antipathie;

Angst vor Menschenmassen; Ameisenhaufen (geordnetes Chaos von außen betrachtet); Individualität berücksichtigen; Husten ist menschlich; Solidarität gegen die Unmenschlichkeit; der Mann muß hinaus ins feindliche Leben; Menschenkette bilden.

Energie:
Reibungsverlust; Energiefutter verteilen; Energieströme verteilen; energisch werden; sich nicht zu viel vornehmen; nicht zu viel verlangen; explodieren – können, sollen, dürfen; Zusammenbruch der Energieversorgung vermeiden; nicht verheizen lassen; Vorschläge zur Veränderung der Arbeitsweise, Ordnung, Arbeitsaufgabe, Verständnis.

Bewertung der Lösungsideen und Weiterentwicklung

- Anonymität des Beratungsverhältnisses aufheben, z.B. durch Raumzuordnung, zeitliche Blockungen. Einzelne Berater ordnen sich bestimmten Schulen zu, um Vertrauen zwischen Schule und Berater zu fördern.
- Schulwirklichkeit erfahrbar machen. Das kann bedeuten, eigene Lehr- und Lernerfahrungen machen, d.h. zeitweise konkret am Unterricht teilnehmen (Hospitationen), an Schulkonferenzen teilnehmen, sich der Kritik aussetzen.
- Beobachterstatus bewußt machen; Lehrer und Berater reflektieren Beobachtungssituationen, Aufhebung der Beobachtersituation durch Partizipation.
- Attraktivität der Aufgabe und des Ortes anheben, Gründung eines Schulberaterverbandes, Rahmenbedingungen für die Berater optimieren (Flexibilität der Arbeitszeit, gezielte Supervision, Bundes-Angestellten-Tarif-Sicherheit).
- Vertrauen der Schüler erarbeiten: Verläßlichkeit, Attraktivität.
- Beratertag, Beraterfest.

■ Lexikon-Methode

Die Methode

Die Lexikon-Methode ist eine weitere Variante aus der Gruppe der systematischen Zufallsanregung. Der Zufall wird hier durch einen willkürlich ausgesuchten Lexikonartikel geschaffen. Der Reiz der Methode liegt darin, daß der Lexikon-Artikel so weit vom Problem wegführt, daß die Lösungsideen von überraschender Neuartigkeit sein können.

Regeln der Methode

Wahlweise werden aus einem Lexikonartikel entweder einzelne Begriffe auf das Problem bezogen, oder es wird zu den Worten des Artikels frei assoziiert. Anschließend wird geklärt, welche Beziehung die Assoziation zum Problem hat.

Zeit:
ca. 90 Minuten

Material:
Wandtafel/Flipchart/Pinnwand/
Lexikon/Moderationsmaterial

Teilnehmer:
ab 6 Teilnehmer

Durchführung

- Problemstellung
- Problemklärung
- Neuformulierung des Problems
- Spontanlösungen
- Auswahl eines Lexikonartikels:
  Aus einem Lexikon wird nach dem Zufallsprinzip ein Artikel ausgewählt. Dieser wird Wort für Wort, für alle Mitglieder der Gruppe sichtbar, aufgeschrieben.
- Entwicklung von Lösungsansätzen:
  Die einzelnen Wörter des Lexikonartikels werden auf das Problem bezogen, daraus lassen sich dann Lösungsideen entwickeln.
  Oder:
  Zu dem Lexikon-Artikel wird frei assoziiert. Die Assoziationen werden notiert und anschließend auf das Problem bezogen. Daraus werden Lösungsideen entwickelt.
- Auswertung: Die gefundenen Lösungsansätze werden von der Gruppe kritisch bewertet und weiterentwickelt.

Bewertung der Methode

Die Lexikon-Methode ist gut geeignet, überraschende Lösungen zu finden. Die Verbindung zwischen der Beschreibung bzw. Definition eines Wortes und dem Problem führt aufgrund der weit auseinanderliegenden Inhalte und Muster zu völlig neuen Betrachtungsweisen. Voraussetzung ist, daß die Gruppe sich gut kennt und Erfahrung in der Anwendung der Methoden der kreativen Ideenfindung hat.

Beispiel Lexikon-Methode

Ein Protokoll

Problemstellung

Welche Schwerpunkte sollen Seminar-Angebote an Menschen, die aus dem Arbeitsleben ausgeschieden sind, haben?

Problemklärung

Hier geht es um das Aufspüren von Lerninhalten, die Menschen, die gerade den „Pensionierungsschock" hinter sich haben, helfen können, mit der neuen Situation fertig zu werden und Beschäftigungen, Gegenstände, Anregungungen etc. zu finden, die ihrem Leben neue Perspektiven und Wege öffnen.

Neuformulierung

Welche Anregungen sollen Seminar-Angebote jenen Menschen vermitteln, die erst kürzlich aus dem Arbeitsleben ausgeschieden sind?

Spontanlösungen

Klassisches Angebot:
Bildungsreisen; Sprachen; künstlerisches Arbeiten; Selbsterfahrung; Weitergabe des beruflichen Wissens, Projektarbeit; Werkstattangebote (freies Selbsttun); Altersfragen (pressure groups); politisch Einfluß nehmen; Sport; Spiel; Spaß; Gesundheit; Kommunikation; Kontakt.

Durchführung

Stichwort: Berberitze
Berberitze (vielleicht nach der Berberei), Sauerdorn, Berberis, strauchige Pflanzengattung der Familie Berberitzengewächse, mit Röschenform. Blüten in Trauben oder Rispen und mit Beerenfrüchten. Die gemeine Berberitze (Essig-, Berberbeere, Berberis vulgaris) an steinigen Hängen Europas, hat dornartige bis dornförmige Blätter, gelbe Blüten, rote längliche Beeren und gelbes, wertvolles Holz. Die Wurzel enthält Berberin, das in der Heilkunde als Bittermittel verwendet wird. Der Strauch ist Zwischenwirt des Getreiderostpilzes und deshalb als Feldnachbar bedenklich. Gartenstrauch ist er besonders in rotblättriger Form (Blutdorn).

Lösungsideen

Garten als Hobby, Ältere und Schulen legen Schulgärten an, Heilkräuter erkunden und anwenden, verlorenes Wissen neu erkunden und weitervermitteln
■ Ernährung umstellen
■ Rolle der älteren Menschen in Familie,
    Familienersatzfunktion
■ soziale Berater
■ Wohnsituation älterer Menschen und Alternativen

- Steine ins Rollen bringen (kritisches Potential, Unabhängigkeit)
- Lebenserfahrungen weitergeben (Kursleiter)
- Sexualität im Alter
- Seniorenselbsthilfegruppe
- Generationensolidarität
- Veränderungen in Krankenhäusern/Altersheimen
- Beschäftigung mit dem Tod
- Möglichkeiten, das zu tun, was man nie tun konnte und immer tun wollte.

Bewertung der Lösungsideen

Die gedankliche Beschäftigung mit der Berberitze war sehr ergiebig. Neue Aspekte des Problems wurden den Teilnehmern bewußt und führten zu einer Erweiterung der Lösungsmöglichkeiten. Ein weiterer Durchlauf mit einem anderen Lexikon-Artikel lohnt sich.

▪ Katalog-Methode

Die Methode

Die Katalog-Methode basiert, wie alle Methoden der Zufallsanregung, auf der Grundlage der Umstrukturierung des Problems durch die Verknüpfung bisher getrennt gehaltener Erfahrungsbereiche.

Regeln der Methode

Bei der Katalog-Methode werden aus einem (Warenhaus-) Katalog zwei Artikel nach dem Zufallsprinzip ausgewählt. Als Reizwörter dienen die Gemeinsamkeiten der beiden Artikel. Auf das Problem bezogen, ergeben sich daraus Lösungsansätze.
Wie bei der semantischen Intuition ist die Findung der Reizwörter eigenständiger Bestandteil der Methode.

Zeit:
ca. 90 Minuten

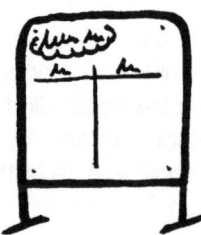

Material:
Wandtafel/Pinnwand/Flipchart/
Katalog/Moderationsmaterial

Teilnehmer:
für Einzelarbeit geeignet

Durchführung

- Problemstellung
- Problemklärung
- Neuformulierung des Problems
- evtl. Spontanlösungen
- Aus einem (Warenhaus-)Katalog werden nach dem Zufallsprinzip zwei Artikel ausgewählt. Vorteilhaft ist, wenn die Artikel aus verschiedenen Gattungen, z.B. Kleidung und Elektroartikel, kommen. Die Abbildungen im Katalog werden allen Gruppenmitgliedern gezeigt, da für den Fortgang der Methode die konkreten Gegenstände und nicht der Begriff maßgeblich sind.
- In einem Brainstorming werden die Gemeinsamkeiten der beiden Artikel benannt und für alle sichtbar notiert. Bestimmungen, die nicht von allen Gruppenmitgliedern als Gemeinsamkeiten anerkannt werden, müssen im Anschluß an das Brainstorming diskutiert und ggf. gestrichen werden.
- Die Gemeinsamkeiten dieser beiden Artikel werden auf das Problem bezogen. Daraus entwickelt die Gruppe Lösungsideen.
- Die gefundenen Lösungsansätze werden von der Gruppe kritisch bewertet und weiterentwickelt.

Bewertung der Methode

Bei der Suche nach Gemeinsamkeiten tauchen zunächst einige Schwierigkeiten auf. Bestimmungen, die genannt werden, wie „Brauche ich nicht, sind käuflich, sind zerstörbar, ..." scheinen notwendig zu sein, um den Zugang zu den gegenstandsbezogenen Gemeinsamkeiten zu öffnen, damit die Aufmerksamkeit auf die jeweiligen Strukturen der Artikel gelenkt wird. Gegenüber den anderen Methoden der Zufallsanregung bedeutet dies eine Eingrenzung. Dennoch hat die Katalog-Technik ihren Reiz und verhilft zu neuartigen Lösungen. Die Katalog-Technik läßt sich, mit allen Nachteilen, auch alleine durchführen.

Beispiel Katalog-Methode

Ein Protokoll

Problemstellung

Wie sensibilisiere ich einen Geschäftsführer für pädagogisch-psychologische Perspektiven?

Problemklärung

Konfliktbereiche: Unterbesetzung in einer Abteilung durch Mutterschaftsurlaub; neun Leute in einem Büro von ca. 45 qm; Stellenbesetzung und Kündigung; ist eine Unterrichtsvorbereitung notwendig?

Neuformulierung des Problems

Wie könnte das Ausbildungsteam die finanziellen Mittel für seine Arbeit bekommen?
Wie kann der Geschäftsführer dazu gebracht werden, die für die inhaltliche Arbeit notwendigen Mittel bereitzustellen?

Spontanlösungen

entfallen

Artikelauswahl

Hsiu-Yen-Jadetraube und Kompakt Disc Box

Gemeinsamkeiten suchen

Man braucht beide nicht; käuflich zu erwerben; wegzuschmeißen; zerstörbar; nicht lebensnotwendig; festes Material; werden produziert; beweglich; auf Hochglanz poliert; deutlich gegliedert; farblich gestaltet; abzuspielen; hinzustellen; enthalten Hohlräume; geschlechtsunspezifisch nutzbar; dekorativ zu nutzen; zu verschenken; bestehen aus mehreren Teilen.

Lösungsideen

Bestehen aus mehreren Teilen:
■ Welche Teile kennzeichnen den Geschäftsführer? Welcher Teil ist ansprechbar (Frau, Kinder, Vorstand)?
■ Der Geschäftsführer kann ohne die anderen Teile nicht existieren

Deutlich gegliedert:
■ Haushaltsplan: die Mitarbeiter entscheiden in ihrem Bereich
■ für ein halbes (oder ganzes) Jahr Bedarfsplan aus der Sicht des Teams aufstellen, der auch eingehalten wird

95

■ Plan aufstellen: Minimalanforderungen, Normalausstattung, optimale Ausstattung
■ Lehrplan unter Berücksichtigung der notwendigen Mittel aufstellen

Hinzustellen:
■ ihm als ganzes Team gemeinsam mit dem Bedarfsplan gegenübertreten

Dekorativ zu nutzen:
■ dem Geschäftsführer deutlich machen, daß z.B. finanzielle Mittel für die Ausbildung dem Image des Unternehmens nutzen (attraktives Unternehmen, tut was für seine Mitarbeiter-Ausbildung)
■ zum Unterricht einladen

Zu verschenken:
■ dem Geschäftsführer hergestellte Dinge schenken

Auf Hochglanz poliert:
■ für von außen provozierte Attraktivität sorgen (Anfragen von Arbeitskreisen, Jugendgruppen)
■ Öffentlichkeitsarbeit betreiben

Wegzuschmeißen:
■ deutlich machen, welche Konsequenzen es hat, wenn bestimmte Bereiche wegfallen
■ Bilanz über die Konsequenzen aufstellen und dem Geschäftsführer vorlegen

Beweglich:
■ bei Mehr-/Neueinstellungen wird das Team beweglicher

Käuflich zu erwerben:
■ die entworfenen Planungen verkaufen

Festes Material:
■ Zeitplan erstellen für die Auseinandersetzung um Mittel

Bewertung

Intuitiv nahm der Problemeinbringer in dieser Situation eine Bewertung vor und fand folgende Lösungsideen brauchbar:

- Haushaltsplan: die Mitarbeiter entscheiden in ihrem Bereich
- dem Geschäftsführer deutlich machen, daß z.B. finanzielle Mittel für die Ausbildung dem Image des Unternehmens nutzen (attraktives Unternehmen, tut was für seine Mitarbeiter-Ausbildung)
- den Geschäftsführer zum Unterricht einladen
- dem Geschäftsführer selbstangefertigte Dinge schenken
- für von außen provozierte Attraktivität sorgen (Anfragen von Arbeitskreisen, Jugendgruppen)
- deutlich machen, welche Konsequenzen es hat, wenn bestimmte Bereiche wegfallen.

■ Force-Fit-Spiel

Die Methode

Beim Force-Fit-Spiel tritt neben die Verfremdung eines Problems durch seine Verbindung mit beliebigen Begriffen zusätzlich der Wettbewerb zweier Teams oder Kleingruppen und ein gewisser Zeitdruck als Mittel zur Ideenentwicklung.

Regeln der Methode

Aus willkürlich von einem Team genannten Begriffen sollen Lösungsansätze innerhalb einer gewissen Zeitspanne abgeleitet werden. Gelingt dies, erhält das Team, das eine Lösung entwickelt bzw. einen Lösungsansatz gefunden hat, einen Punkt, gelingt dies nicht, erhält die fragende Mannschaft den Punkt. Die Entscheidung über Gewinn und Verlust, d.h. vor allem über die Annahme oder Ablehnung eines Lösungsvorschlags, liegt in den Händen eines als Schiedsrichter ernannten Teilnehmers der Kreativitätsgruppe.

Zeit:
ca. 20 – 35 Minuten

Material:
Tafel/Flipchart/Pinnwand/Uhr/
Moderationsmaterial

Teilnehmer:
ab 6 Teilnehmer

Durchführung

■ Problemstellung
■ Problemklärung
■ Neuformulierung des Problems
■ Das Kreativitätsteam teilt sich in zwei gleich starke Mannschaften auf und bestimmt einen Teilnehmer zum Schiedsrichter und Protokollführer.
■ Das Force-Fit-Spiel beginnt damit, daß eine Mannschaft bzw. eine Teilgruppe einen gegenständlichen Begriff nennt, der aber möglichst wenig mit dem zu lösenden Problem zu tun hat. Die andere Mannschaft muß aus diesem Begriff eine Lösungsidee entwickeln. Dazu hat sie zwei Minuten Zeit. Gelingt es ihr, innerhalb der zur Verfügung stehenden Zeit einen Lösungsansatz zu finden, dann bekommt sie einen Punkt und darf ihrerseits einen Begriff nennen, der nun der Gegenmannschaft als Ausgangspunkt für eine Lösungsentwicklung dient. Gelingt es ihr aber nicht, innerhalb von zwei Minuten eine geeignete Lösungsidee zu entwickeln, dann erhält die Mannschaft, die den Begriff genannt hat, einen Punkt und setzt das Spiel mit einem neuen Begriff fort.
■ Der Schiedsrichter entscheidet, ob ein Lösungsansatz geeignet ist und zu einem Punkt führt oder nicht. Er überwacht und leitet das Spiel, das eine gute halbe Stunde nicht überschreiten sollte.
■ Die im Force-Fit-Spiel entwickelten Lösungsideen werden von der ganzen Kreativitätsgruppe kritisch unter die Lupe genommen und gemeinsam weiterentwickelt.

Bewertung der Methode

Das Force-Fit-Spiel ist eine Kreativitätsmethode, um neue, nicht unbedingt naheliegende Lösungsideen zu entwickeln. Die Verfremdungen durch möglichst weit vom Problem entfernt liegende Begriffe regen zu mutigen Lösungen an. Hinzu kommt, daß der Wettbewerbscharakter dazu führt, daß das Spiel Spaß macht und Energien freisetzt.

Die zur Verfügung stehende Zeit von zwei Minuten zur Entwicklung von Lösungsideen führt allerdings oft dazu, daß nach möglichst naheliegenden Ansätzen gesucht wird, um im Sinne des Spiels den Punkt zu machen. Originellere Ideen brauchen oft mehr Zeit, die hier nicht gegeben ist. Besonders schwierig ist die Funktion des Schiedsrichters. Da er über die Adäquatheit der gefundenen Lösungsansätze entscheidet, hat er eine wichtige Funktion. Aber woher bezieht er seine Maßstäbe zur Beurteilung? Soll er großzügig jeden auch nur in Richtung des Problems weisenden Lösungsansatz positiv bewerten?

Jede Kreativitätsgruppe sollte für sich ausprobieren, wie sie mit dieser Methode zurechtkommt, evtl. indem sie z.B. die Zeitregel verändert. Es kann auch versucht werden, die Bewertung der Lösungsidee der ganzen Kreativitätsgruppe bzw. der Gruppe, die den Begriff eingebracht hat, zu überlassen. Vor allem dann, wenn eine kollegiale, an brauchbaren Ergebnissen orientierte Atmosphäre in der Gruppe vorherrscht, läßt sich diese „demokratische" Bewertungsvariante verwirklichen.

Beispiel Force-Fit-Spiel

Ein Protokoll

Problemstellung

Wie läßt sich die Atmosphäre in der Abteilung verbessern?

Neuformulierung des Problems

Wie kann das Zusammengehörigkeitsgefühl in der Abteilung stärker entwickelt werden?
Wie kann das Betriebsklima in der Abteilung verbessert werden?

Lösungsideen

Reizwort: Eisenbahn
■ gesamte Abteilung besucht Kollegenabteilung in anderer Organisation (+)
■ gemeinsam in die Niederlande fahren (+)
■ Möglichkeiten geben, Dampf abzulassen (+)
■ Fahrt im Samba-Zug
■ Signal setzen in Richtung Zusammenarbeit

Reizwort: Teekanne
■ gerechte Verteilung von angenehmen/unangenehmen Aufgaben (+)
■ Atmosphäre, wo auch ein „Schluck getrunken werden kann" (+)
■ auf die richtige Temperatur achten

- Geschirrspülen reihum erledigen (+)
- auf das Design/die Form achten

Reizwort: Gewitter
- das Donnern genießen
- Blitze entfachen
- gemeinsam unterm Regenschirm
- sich öfter verlieben (+)
- Klärung herbeiführen
- auffordern, auch Unangenehmes auszusprechen (+)
- Stimmungsschwankungen akzeptieren (+)2
- institutionalisieren, was geklärt wird (+)2
- den anderen das Gefühl geben, das ansprechen zu können, was sie stört oder belastet (+)

Reizwort: Berg
- Bergfest (+)
- Berg abtragen
- einzeln versuchen, das Klima individuell zu verbessern (+)

Reizwort: Spiegel
- einen Tag lang die Arbeit des Kollegen übernehmen (+)
- das Gefühl widerspiegeln (+)
- Dienstbesprechung/Gruppensitzung mit für alle Beteiligte relevantem Thema (+)
- jeder einzelne überlegt sich, wie das Verhalten wirkt, und formuliert es (+)

Reizwort: Indianer
- den Häuptling abwählen
- gemeinsames Tarot legen (jeden Morgen)
- im Untergrund arbeiten
- mehr Gefühle zeigen (+)
- mehr aneinander glauben
- das Gemeinsame der Arbeit herausstellen (+)
- das Aufeinander-angewiesen-Sein deutlich machen
- in eine andere Abteilung gehen (+)
- dem anderen mehr zutrauen (+)

Reizwort: Straßencafé
- ein gemeinsames Kaffeetrinken/Woche mit wechselnder Gastgeberrolle (+)
- sich gegenseitig bedienen (+)
- gemeinsame Plattform schaffen (+)

- runden/kleinen Tisch benutzen (+)
- Seminar miteinander machen (+)
- gemeinsame Entspannungsrunde (+)
- Kaffeerunde bei Seminaren mit den Verwaltungsangestellten und Teilnehmern gemeinsam (besser zu Anfang der Seminare) (+)

Bewertung der Lösungsideen

Die Teilnehmer einigten sich in der Bewertungsphase wie folgt auf realisierbare Lösungen: (+) kennzeichnet die positiv bewerteten Möglichkeiten, die weiter ausgearbeitet werden müßten.

■ Semantische Intuition

Die Methode

Bei der semantischen Intuition als weiterer Methode der Zufallsanregung wird das Problem ebenfalls mit Reizwörtern in Verbindung gebracht. Die Schaffung der Reizwörter und die Vorstellung der dazugehörigen Gegenstände ist bei der semantischen Intuition selbst Bestandteil der Methode und nicht nur
Hilfsmittel wie bei der Superposition.

Regeln der Methode

Die zu dem Problem gehörigen Elemente werden zusammengestellt und durch die paarweise Kombination zu Wortschöpfungen verbunden. In einem nächsten Schritt werden zu den
Wortschöpfungen die jeweiligen Gegenstände (gedanklich) ent-
worfen. Die vorgestellten Gegenstände bilden die Grundlage für
die Weiterarbeit in der Methode und stellen Anreize für neue
Einfälle dar.

Zeit:
ca. 90 Minuten

Material:
Flipchart/Pinnwand/Wandtafel/
Moderationsmaterial

Teilnehmer:
ab 6 Teilnehmer

103

Durchführung

- Problemstellung
- Problemklärung
- Neuformulierung des Problems
- evtl. Spontanlösungen
- Brainstorming zur Sammlung von Elementen, die mit dem Problem zu tun haben. Diese werden für alle sichtbar notiert. Dabei sind nur Substantive zugelassen.
- Wortneuschöpfung:
  Die Elemente aus dem Brainstorming werden beliebig miteinander kombiniert und zu völlig neuen Wörtern verbunden. Selbstverständlich kann jedes Element beliebig häufig mit anderen kombiniert werden. Auch die Wortneuschöpfungen werden für alle sichtbar aufgeschrieben.
- Entwicklung von Lösungsideen:
  Die zu den Wortneuschöpfungen vorgestellten Gegenstände werden daraufhin analysiert, ob sie Elemente enthalten, die eine Lösung des Problems ermöglichen.
- Die gefundenen Lösungsideen werden von der Gruppe kritisch bewertet und weiterentwickelt.

Bewertung der Methode

Die Bildung von Wortverbindungen, die bisher unbekannt waren, gibt der Methode einen leicht spielerischen Charakter. Das Brainstorming verstärkt diesen noch, weil die gefühlsmäßigen Belastungen, die das Problem für die Gruppenmitglieder aufwirft, hervorragend abgearbeitet werden können. Die Tatsache der Umkehrung eröffnet gänzlich neue Erfahrungsbereiche für die Problemlösung und führt zu recht eigensinnigen Lösungsideen.

Damit die Methode allerdings zu umsetzbaren Ergebnissen führt, sollte sich die Gruppe gut kennen. Die Übertragung der Wortneuschöpfungen in die „Realität" setzt große gegenseitige Akzeptanz voraus.

Beispiel Semantische Intuition

Ein Protokoll

Problemstellung

Wie mache ich mein neues Seminarkonzept am effektivsten bekannt?

Problemklärung

Es geht in diesem Seminarkonzept darum, Menschen in die nonverbale Körpersprache einzuführen, um so ihre Wahrnehmungs- und Kommunikationsfähigkeit zu fördern.
Hier Spontanreaktionen:
Kontaktpersonen; Jahresprogramme

Neuformulierung des Problems

Wie mache ich mein neues Angebot „Körpersprache" bekannt?

Spontanlösungen

entfallen

Brainstorming

Presse; Werbeträger; Radio; Theater-/Laienspielgruppen;
Adressenhändler; Alternativzentren; Turnverein;
Body-Building-Center; Krankenhaus; Hallenbad; Schulen;
Sprechmuschel; Mann im Ohr; Video; Lachen; Dolmetscher;
Feste; Vorstellung; Kleinkunst; Hausfrau; soziale Brennpunkte;
Maske; Farbe; Clown; Comedia dell'arte; Prospekt;
Sandwichman; Von-Mund-zu-Mund-Propaganda; Kinowerbung;
Bürgerhäuser; Ballettschulen; Freibad; Litfaßsäule;
schwarzes Brett; Körperohr; Telefon; Kassette;
Ohrenschmerzen; Dröhnland-Revue; Wanderzirkus;
Ausstellung; Marktplatz; Unschuld; Kleidung; Pflastermaler;
Schminke; Bewegung; Kultur

Wortneuschöpfungen

Dolmetscherschminke; Körperohrlachen;
Radioturnverein; Hallenbadhausfrau;

Turnvereinhausfrau; Bürgerhäusermaske; Maskenpresse;
Prospektkassette; Marktplatzfest; Clownkassette; Telefonkultur;
Freibadbodybuildingcenter; Krankenhauskleinkunst;
Turnvereinsfest; Adressenhändlerunschuld;
Alternativzentrenbewegung; Kulturdolmetscher;
Pflastermalerschulen; Mundzumundpropaganda-mannimohr;
Pflastermalerwerbeträger; Wanderzirkussandwichman;
Schwarzes-Brett-Bewegung; Radioschminke;
Farbenkrankenhaus; Krankenhausfarbe;
Litfaßsäulenhausfrau; Soziale-Brennpunkte-Prospekt;
Schminkradio; Alternativzentrenunschuld;
Clownprospekt; Bürgerhaus-Dröhnland-Revue;
Sprechmuschelpresse; Werbeträgerkleinkunst;
Kulturfarbe; Commedia dell'arte-Maske;
Kulturclown; Bewegungslitfaßsäule;
Bewegungstheater; Ballettschulendolmetscher;
Krankenhaussprechmuschel

Lösungsideen

■ Videokassette für Videotheken (+)
■ Fotos zur Identifikation in Kurs-Prospekte (+)
■ Bewegungstheater als Ziel und als zukünftiges
  Werbemittel
■ Prospekte in Form eines Clowns
  (Clownprospekt) (+)
■ Anzeige in Fachzeitschriften (Animation),
  Alternativzeitschriften (Maskenpresse)
■ bei Stadtfesten, Turnfesten usw. auftreten
■ Pflastermalwerbung (+)
■ im Turnverein/Kneippverein auftreten und
  vormachen
■ persönliche Telefonaktion (Telefonkultur)
■ Alternativzentren informieren
  (Alternativzentrenbewegung)
■ nonverbale Verständigung wird erleichtert
  (Kulturdolmetscher)
■ Freibadbodybuildingcenter:
  dort, wo Bewegungsangebote bestehen,
  Seminarkonzept vorstellen, z.B. im Freibad (+)

Bewertung der Lösungen

Bedenkenswerte Ansätze wurden von den Teilnehmern mit (+) gekennzeichnet. Die drei folgenden Anregungen wurden als sofort realisierbar präferiert:
- Als Clown auf dem Wochenmarkt auftreten (+)
- Als Bewegungslitfaßsäule in der Fußgängerzone am Sonnabend herumlaufen (+)
- Bei ländlichen Veranstaltungen hineinschnuppern lassen (+).

3.5
Methoden der
systematischen
Bedingungsvariation

■ Osborn-Checkliste

■ Stopp-Technik

■ Kopfstand-Technik

■ Nebenfeldintegration

■ Identifikation

■

■

■

■

■

■

■

■

■ Osborn-Checkliste

Die Methode

Die Osborn-Checkliste oder einfach Checklistenmethode ist nach ihrem Begründer, Alexander Osborn, benannt.

Alexander Osborn versuchte, wie so viele, das Phänomen der Kreativität zu ergründen. Selbst aus der Werbung kommend, ging er das Problem insofern kreativ an, als er das Pferd von hinten aufzäumte: Er untersuchte die Lösungen von Problemen und stellte fest, daß ausgehend von der Problemstellung die Lösungen durch Umstrukturierungen des Ausgangsproblems anhand bestimmter Fragestellungen hätten gefunden werden können.

In einer Liste der manipulativen Verben faßte er seine Ergebnisse zusammen.

Liste der manipulativen Verben von Osborn

■ anders verwenden? ■ minifizieren?
■ adaptieren? ■ substituieren?
■ modifizieren? ■ rearrangieren?
■ magnifizieren? ■ umkehren?
■ kombinieren?

Daraus entwickelte er als heuristisches Verfahren eine Methode der kreativen Ideenfindung, die nach ihm benannt wurde.

Zur besseren Anwendung der manipulativen Verben stellte er eine Fragenliste, die Osborn-Checkliste, zusammen, die auf das Problem angewandt wird. Man erreicht damit einen dauernden Perspektivenwechsel und eine kontinuierliche Neukonstituierung des Problems.

Die Osborn-Methode wird auch heuristische Methode genannt, in Anlehnung an Archimedes´ Ausruf „heureka" (ich hab's).

Zeit:
ca. 30 – 45 Minuten

Material:
Flipchart/Wandtafel/Pinnwand/
Moderationsmaterial/Checkliste

Teilnehmer:
für Einzelarbeit geeignet

Durchführung

■ Problemstellung
■ Problemklärung
■ Neuformulierung des Problems
■ Der Reihe nach werden die Fragen der Checkliste auf das
 Problem bezogen und daraus Lösungen für das Problem
 entwickelt.
 Nicht alle Fragen der Checkliste müssen unbedingt
 beantwortet werden. Wenn aus den Teilnehmerreihen keine
 neuen Einfälle mehr kommen, sollte zur nächsten Frage
 weitergegangen werden.
■ Bewertung der Lösungen
 Die gefundenen Lösungsansätze werden von der
 Kreativitätsgruppe kritisch bewertet und weiterentwickelt.

Osborn-Checkliste

Was ist ähnlich?

Gleiche Funktion? Ähnliches Aussehen? Ähnliches Material? Welche Parallelen lassen sich ziehen?

Welche anderen Anwendungsmöglichkeiten?

Neue Anwendungsmöglichkeiten? Für andere Personen? Andere Anwendungsmöglichkeiten durch Veränderung des Objektes?

Anpassen?

Wem ähnelt es? Welche anderen Ideen suggeriert es? Gibt es in der Vergangenheit Parallelbeispiele? Was könnte man davon übernehmen? Was könnte man zum Vorbild nehmen?

Verändern?

Ihm eine neue Form geben? Den Zweck ändern? Die Farbe, die Bewegung, den Ton, den Geruch, das Aussehen verändern? Sind andere Änderungen denkbar?

Vergrößern?

Was kann man hinzufügen? Soll man mehr Zeit darauf verwenden? Die Frequenz erhöhen? Es widerstandsfähiger machen? Größer? Länger? Schwerer? Dicker? Ihm einen zusätzlichen Wert geben? Die Anzahl der Bestandteile vergrößern? Es verdoppeln? Es vervielfachen? Es übertreiben? Teurer machen?

Verkleinern?

Was ist daran entbehrlich? Kann man es kleiner machen? Kompakter? En miniature? Niedriger? Kürzer? Flacher? Aerodynamischer? Leichter? Kann man es in Einzelteile zerlegen?

Ersetzen?

Wen oder was könnte man an seine Stelle setzen? Welche anderen Bestandteile sind möglich? Welche anderen Materialien, Herstellungsprozesse, Energiequellen, Standorte? Welche anderen Lösungsmöglichkeiten? Welchen anderen Ton?

Umformen?

Die Bestandteile neu gruppieren? Neue Modelle entwickeln? Die Reihenfolge verändern? Ursache und Wirkung vertauschen? Die Geschwindigkeit verändern?

Ins Gegenteil verkehren?

Das Positiv statt des Negativs nehmen? Das Gegenteil erreichen? Das Untere nach oben bringen? Die Rollen vertauschen? Die Position der Personen ändern? Die Reihenfolge des Ablaufes neu ordnen?

Kombinieren?

Mit einer Mischung versuchen? Einen Verbund machen? Eine Auswahl? Neu gruppieren? Mehrere Objekte zu einem verbinden? Mehrere Anwendungsbereiche für einen? Mehr Ziele? Wenig Ziele?

(aus H. Sand Neue Methoden zum kreativen Denken, Kissingen, 1979)

Bewertung der Methode

Durch den feststehenden Fragenkatalog ist die Osborn-Checkliste stark strukturiert. Sie ist leicht erlernbar und überall und schnell einsetzbar, auch alleine.

Beispiel Osborn-Checkliste

Ein Protokoll

Problemstellung

Gestaltung eines Bildungsprogrammes

Problemklärung

Wie kann man die geplante Veröffentlichung so gestalten, daß sie der Leser nicht aus der Hand legt?
Ausgangsmaterial war eine beliebige Weiterbildungs-Broschüre im DIN-A4-Format.

Neuformulierung des Problems

Wie kann man die geplante Veröffentlichung so gestalten, daß man sie gern in die Hand nimmt und damit arbeitet?

Wie kann man ein Rezeptbuch gestalten, so daß man damit arbeitet und gleichzeitig Spaß beim Lesen hat?

Anwendung der Checkliste

Ähnlich?

Volkshochschul-Programm; Branchenverzeichnis; Bildungsprogramme anderer Unternehmen; überdimensionale Spielkarte; Ringmappe; graue Papiere; Schulheft; Vorlesungsmanuskript; Bedienungsanleitung; Speisekarte; Fotoalbum; Dia-Kisten

Andere Anwendungsmöglichkeiten?

Altpapier; Konfettistanzgrundmaterial; Schreibunterlage; neues Zahlungsmittel; Geschenk; Fernrohr; Kaleidoskop; Papierschwalben; Geschenkpapier; Abdeckmaterial; Tapete; Decke; Klozeitung; Seminargrundlage; Hut; Zaubertricks; Grundmaterial für Pappmaché; Grundmaterial für Collagen; Städteverbindungen schaffen; Entwicklungshilfematerial für Dritte Welt; Packpapier; Diaserie; Daumenkino

Anpassen?

Landkarten; handschriftliche Abfassungen und Überlieferungen; Keilschrifttäfelchen; Briefe; Rauchzeichen; Flaggensprache; Lichtsignale; Knotenschnüre; Fingersprache; Telefon; Vorlesen; 99 Thesen an die Kirchentür; schwarzes Brett; üblichen Buchformaten anpassen

Verändern?

Parfümieren; Mobile; Ringbuch (rund/ein Lochring); Schockfarbe; Neonfarbe; keine rechten Winkel; Bildschirmtext; Videoproduktion; Film; Folienmappe; Form eines Herzens; mit eingebauter Musik; etwas zum Rausschneiden; aus Eßpapier; Malvorlage; perforieren; Fahrtenbuch; Kistenbuch; ungeschnitten herausnehmen; Comic; Loch in der Mitte für den Durchblick; Leporello

Vergrößern?

Wandzeitung; Krückstock; Materialkiste zufügen; Geldschein zufügen; große Rolle Abreißpapier; Endlosdruckrolle; Schriftrolle; Postrollen; Kriminalroman zufügen; Wörterbuch; Tagebuch für Erfahrungen; Checkliste; Format verdoppeln; Bildmappe; Wellpappeneinband; Wandkalender; Malvorlage; Bastelbogen; Fortsetzungsserie; Loseblattsammlung; in drei Sprachen in einem Band; Papierkorb dazugeben; in Lautschrift schreiben;

gesammelte Bibliothek dazu; in Englisch kursiv drucken; Blindenschrift

Verkleinern?
Mikrofilm; ganz klein drucken und Lupe mitliefern; Notizzettelquaderdruck; nur jedes dritte Wort; nur Konsonanten/Vokale; Minibuch; Dünndruckpapier mit Goldschnitt; Wortpuzzle; auf altem Mikrochip unterbringen; Hörkassette; CD; Bumerangform; Drachenform; Papierfächer

Ersetzen?
Steinkeil; Tätowierung; in Zaubertinte schreiben; Decoderfolie; Rückseite von Teppichfliesen; in Teppich einweben; Abziehbilder; auf Einkaufstüte drucken; auf Postkarten; in Eßgeschirrboden einritzen; in Kugelschreiber einarbeiten; Fortsetzungswerk in einer Zeitschrift

Umformen?
Text als Fragen formulieren, hinten Lösungsteil; von hinten nach vorne schreiben; als programmierte Unterweisung; in Noten; Löcher im Text erweitern; nur für Querleser schreiben; für Scanner (Strichcode) aufarbeiten; verschlüsseln (Code); Crackeraufgabe; Logelei

Ins Gegenteil verkehren?
Andersrum blättern müssen (hebräisch); Negativschrift verwenden; halbe Buchstaben; Schriftfragmente; spiegelverkehrt; Springschrift; Buchstabenverwirrspiel; Sicht der Leser kapitelweise; in Versform; ekelhaftes Äußeres; Buchwürmer; als Denkmal; in Fett tränken

Kombinieren?
Medienverbund (Text, Ton, Video); mit Tee kombinieren; Streichhölzer (anzünden); Kerze (Licht aufgehen); ausklappbarer Henkel; Aufkleber: ist umweltfreundlich und zerfällt von selbst; Walkman; Jogginganzug; Buch als Teamarbeit mit Methoden der Erwachsenenbildung; mit Kunstreproduktionen

Auswertung

Dia-Kiste:
wenn sie geöffnet wird, erscheint ein Ordnungssystem

Loch in der Mitte für den Durchblick:
durch das ganze Buch oder durch eine Seite

Wandzeitung:
Methodenblätter als A3-Beilage

Verwendung von Spiegelschrift:
Lesegewohnheiten umkrempeln

Rausschneiden:
Teile zum Rausreißen oder -schneiden, evtl. in Seminarstärke

Bastelvorlage, Malvorschläge:
mit in die Überlegungen einbeziehen

Vorlage mit Folien:
Foliendruck oder Vorlagen für Foliendruck auf dickerem Papier

Materialkiste:
echte Materialkiste beilegen oder eine Liste für Materialien zugeben

Branchenverzeichnis:
Stichwortverzeichnis

Wortpuzzle:
Wortpuzzle mitliefern als Einstiegsspiel

Tagebuch für Erfahrungen:
Raum für Notizen

Hörkassette:
eines der Kapitel als Hörkassette oder das ganze Buch vorlesen

Keine rechten Winkel:
kein DIN-Format, evtl. Format auf die Spitze stellen

Postkarten:
die Methodenblätter auf Karteikarten drucken

Fortsetzungswerk:
in Weiterbildungszeitschrift als Fortsetzungsgeschichte veröffentlichen.

■ Stopp-Technik

Die Methode

Die Stopp-Technik stellt eine weitere Variante des Brainstormings dar. Allerdings werden hier von vornherein bestimmte Prinzipien genannt, nach denen sich Assoziationen und Ideen gezielt ausrichten sollen. Diese Prinzipien werden regelmäßig nachgebessert, bis ein zufriedenstellendes Spektrum an neuen Einfällen zusammengetragen worden ist.

Die Regeln der Methode

Der Beginn, die erste Phase der Ideenfindung, ist identisch mit dem Vorgehen beim klassischen Brainstorming. Nach kurzer Zeit (ca. 4 Minuten) unterbricht der Moderator die Ideensammlung. Er fordert die Teilnehmer auf, nach dem gemeinsamen Prinzip zu suchen, das den bisherigen Beiträgen zugrunde liegt. Im weiteren Verlauf wird der Ideensammlung immer wieder ein neues Prinzip vorangestellt, zu dem dann ca. 4 Minuten erneut gebrainstormt wird.

Die bewußte Unterbrechung des Ideenflusses und die Suche nach Prinzipien, die die weitere Ideensuche leiten, haben zum Ziel, daß die Kreativitätsgruppe die Problemstellung aus möglichst vielen Blickwinkeln bearbeitet. Die verschiedenen Prinzipien dienen der Impulssetzung und sollen die Teilnehmer dazu animieren, in neue Richtungen zu denken. Der erhoffte Effekt besteht in einem möglichst breiten Spektrum der Ideen.

Zeit:
ca. 2 Stunden

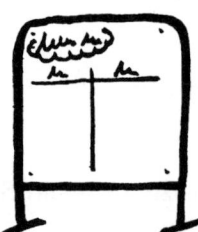

Material:
Uhr/Flipchart/Pinnwand/
Tafel/Moderationsmaterial

Teilnehmer:
für Einzelarbeit geeignet

Durchführung

- Problemstellung
- Problemklärung
- Neuformulierung des Problems
- Zur Problemfrage wird ein Brainstorming durchgeführt. Nach vier Minuten unterbricht der Moderator das Brainstorming und fordert die Teilnehmer auf, das Prinzip, das den bisherigen Ideen und Assoziationen zugrunde liegt, zu benennen.
- Anschließend sucht die Gruppe ein Prinzip, das der weiteren Ideensuche vorangestellt werden soll. Hat die Gruppe sich auf ein Prinzip geeinigt, wird ein weiteres Brainstorming (ca. 4 Minuten) durchgeführt. Ausgangspunkt ist die ursprüngliche Problemfrage, abgewandelt dadurch, daß alle Ideen das vorangestellte Prinzip zur Grundlage haben sollten. Insgesamt sollte ca. viermal so verfahren werden.
- Von den im Brainstorming gesammelten Beiträgen und Assoziationen werden Lösungsideen abgeleitet.
- Bewertung der Lösungsideen und Entwicklung von Lösungsvorschlägen

Bewertung der Methode

Unsere Erfahrungen mit dieser Methode haben gezeigt, daß die Ergebnisse recht vielfältig und zufriedenstellend waren. Allerdings erfordert die Durchführung einige Übung. Sowohl der Moderator als auch die Teilnehmer sollten mit Methoden der kreativen Problemlösung vertraut sein. Besonders gefordert sind in diesem Fall Schnelligkeit, Flexibilität und die strikte Einhaltung der Spielregeln für kreative Gruppen. Von dem Moderator verlangt diese Methode große Sicherheit im Umgang mit dem Reglement. Die Prinzipien werden während der Sitzung von den Teilnehmern oder dem Moderator vorgeschlagen. Die Suche danach hat selten zum Ergebnis, daß ein alle Beiträge umfassendes Prinzip gefunden wird. Es wird immer einige Beiträge geben, die nicht zugeordnet werden können.

Schwierig gestaltet sich in einigen Fällen die Suche nach einem neuen Prinzip, das der nächsten Ideensammlung vorangestellt werden soll. Was ist ein Prinzip? Wie und wo finde ich ein Prinzip?

Unsere Erfahrungen und Ergebnisse haben gezeigt, daß in der Mehrzahl der Fälle die Prinzipien weitestgehend einer gewissen Sachlogik des Problems entlehnt sind. Hier einige Beispiele:

1. Problem:
Wie schaffe ich es, daß Jugendliche, die eine Berlinfahrt unternehmen, bereit sind, gemeinsam eine Abendveranstaltung zu besuchen?

Prinzipien:
Attraktivität/Angstabbau/Selbstverwirklichung/Gemeinsamkeit/Abschreckung

2. Problem:
Wie gehe ich mit unterschiedlichen Erwartungen der Teilnehmer so um, daß gemeinsames Arbeiten möglich wird?

Prinzipien:
Partnerschaft/Vergnügen/Überforderung

3. Problem:
Wie erreiche ich es, daß die Spannkraft über die ganze Tagung erhalten bleibt?

Prinzipien:
Der Moderator als Animateur/Selbstbestimmung/laissez-faire/autoritär/Medienbestimmung

Insgesamt betrachtet stellt diese Methode eine interessante und vielversprechende Variante des klassischen Brainstormings dar, mit der es sich lohnt zu üben und zu experimentieren.

Beispiel Stopp-Technik

Ein Protokoll

Problemstellung

Wie kann ich eine Tagung etwas auflockern?

Problemklärung

Der Kern des Problems besteht darin, eine Tagung für Ausbilder so zu gestalten, daß die Spannkraft über die gesamte Dauer der eintägigen Veranstaltung erhalten bleibt.

Neuformulierung des Problems

Wie erreiche ich es, daß die Spannkraft über die ganze Tagung erhalten bleibt?

Brainstorming

Spiele; Methodenwechsel; persönlicher Bezug zwischen Teilnehmern und Inhalt; Motivation; sportive Einlagen; kreative Methoden; Bezug zu Alltagsproblemen; Musik (Prinzip: Der Moderator als Animateur – Fremdbestimmung)

Prinzip Selbstbestimmung:
Ausbilder (= Teilnehmer) übernehmen Leitungsfunktionen; spontane Ideen der Teilnehmer umsetzen; Teilnehmer kochen selbst; Teilnehmer setzen Pausen fest; sportliche Einlagen werden von den Lehrern selbst gestaltet; Teilnehmer zum Stricken auffordern; Ausbilder spielen „Mein liebstes Spiel"; Vorbereitung der Tagung mit den Teilnehmern; Ausbilder gehen in den Seminarraum und spielen sich selbst; Rollenspiel selbst schreiben und spielen

Prinzip Laissez-faire:
Jeder macht, was er will; keine Einführung geben und keine Fragestellung vorgeben; Bier; Milch für die Ausbilder; Gruppenarbeit ohne Thema; Dauer der Konferenz ist Teilnehmern überlassen; jeder kann gehen, wann er will.

Prinzip Autoritär:

Erfolgskontrolle; Randgespräche untersagen; Vortragsform; wissenschaftliche Problemetikettierung; strikte Pausenregelung; überwachen der Gruppenarbeit; wenig Bezug zu Persönlichkeit der Teilnehmer; stringente Diskussionsleitung; frontale Sitzordnung; Tagungsleiter entscheidet; einzelne Teilnehmer zu Stellungnahmen und Antworten auffordern; Störer bloßstellen; Beiträge bewerten; Teilnahme an Auflockerungsübungen obligatorisch

Prinzip Medienbestimmung:

Videos einsetzen; mit Dias arbeiten; Folien verstärkt einsetzen; Kassetten abspielen; wechselnder Medieneinsatz; Teilnehmer machen Auszüge aus Büchern; ein Aufsatz als Leitmedium; Videokamera einsetzen; mit Wandzeitung arbeiten

Auswahl der Ideen und Analyse

Folgende Ideen erschienen neu und überlegenswert:
- sportive Einlagen
- Musik
- Teilnehmer übernehmen Leitungsfunktion
- spontane Ideen der Teilnehmer umsetzen
- Teilnehmer kochen selbst
- sportliche Einlagen werden von den Ausbildern selbst gestaltet
- Ausbilder gehen in den Seminarraum und spielen sich selbst
- Bier für die Ausbilder
- wissenschaftliche Problemetikettierung.

Die Methode

Die Kopfstand-Technik wird in der Literatur auch als Umkehr-methode, Reversion oder Dialektik bezeichnet. Alle Bezeich-nungen weisen auf das Wesentliche des Vorgehens hin, nämlich einen bewußt herbeigeführten Rollentausch, der den Blick für Beweggründe, Verhaltensweisen und Zielsetzungen der ande-ren an der Fragestellung Beteiligten öffnen soll.

Die Regeln der Methode

Durch die Auseinandersetzung mit den Gedanken und Ideen der konträren Problemstellung werden eingefahrene Sichtwei-sen aufgelöst und die Bedürfnisse anderer an der Problem-stellung Beteiligter systematisch in die Ideensuche mit einbezo-gen. Dabei geht dieses Verfahren im Hinblick auf die Verände-rung von Bedingungen sehr weit: Die Problemfrage wird auf den Kopf gestellt, in ihr Gegenteil verkehrt. Die daran anschlie-ßende Ideensuche erfolgt im Brainstorming.

Zeit:
ca. 60 Minuten

Material:
Wandtafel/Flipchart/Pinnwand/
Moderationsmaterial

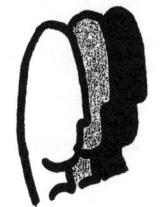

Teilnehmer:
für Einzelarbeit geeignet

Raud für Notizen

121

Durchführung

- Problemstellung
- Problemklärung
- Neuformulierung des Problems
- Spontanlösungen
- Die Problemstellung wird in ihr Gegenteil verkehrt. Zu dieser geänderten Fragestellung folgt ein Brainstorming von ca. fünfzehn Minuten.
- Zu jeder genannten Idee wird eine Gegenlösung gesucht, die, bezogen auf die ursprüngliche Fragestellung, zur Lösungsfindung führen soll.
- Bewertung der Lösungsideen und Entwicklung von Lösungsvorschlägen

Bewertung der Methode

Die Kopfstand-Technik gehört nicht nur zu den Methoden, die einfach handhabbar sind und relativ wenig Zeit in Anspruch nehmen, sie macht auch Spaß.

Der radikale Rollentausch führt recht schnell zur Erkenntnis bestehender Barrieren und Fehler, die einer Problemlösung bisher im Wege gestanden haben. Ein großer Vorteil der Methode liegt darin, daß sie auch alleine gewinnbringend durchgeführt werden kann.

Auch bei dieser Methode ist es ratsam, sich mit jeder der im Brainstorming gesammelten Ideen zu befassen. Werden nur punktuell je nach Wahl Beiträge herausgegriffen, ist die Gefahr zu groß, daß im Ansatz gute Ideen verlorengehen.

Die Stärke dieser Methode liegt weniger darin, völlig neue Problemlösungswege aufzuzeigen, sondern eher darin, Denkblockaden aufzubrechen und das Problem von verschiedenen Seiten zu beleuchten.

Beispiel Kopfstand-Technik

Ein Protokoll

Problemstellung

Wie kann ich Interesse für neue didaktische Methoden wecken?

Neuformulierung des Problems

Wie erreiche ich, daß Ausbilder und Dozenten in ihren Kursen neue didaktische Methoden anwenden? Wie erreiche ich, daß an meinem Arbeitsplatz/Team/Verwaltung mit neuen didaktischen Methoden gearbeitet wird?
Wie erreiche ich, daß Teilnehmer diesen neuen Methoden gegenüber aufgeschlossen sind?

Spontanlösungen zum Ausgangsproblem

Kurs abbrechen, Ausbilder/Dozenten weiterbilden

Umkehrung der Problemstellung

Wie verhindere ich, daß Ausbilder und Dozenten neue didaktische Methoden anwenden?

Brainstorming

Information zu neuen Methoden vorenthalten; pädagogische Nutzlosigkeit erwähnen; Mißerfolge aufgrund neuer Methoden; fest verschraubte Stuhlreihen; gutes Althergebrachtes betonen; Kontrolle in den Kursen; alte verknöcherte Ausbilder und Dozenten einstellen: keine jungen, dynamischen, sondern konservative Ausbilder und Dozenten einstellen; kein Material aushändigen; strengen Leistungsrahmen vorgeben; enger Belegungsplan; öffentlich gegen neue Methoden wettern; Transparent: Neue Methoden, der Tod jeder Bildungsveranstaltung; Methodenzeugnis am Ende des Jahres; Unterschriftensammlung bei Teilnehmern für alte Methoden; Erfahrungsaustausch unter Kursleitern verhindern; Hierarchie zwischen Teilnehmern und Dozenten herausstellen; Stehpult in jeden Unterrichtsraum; Arbeitsmittel einsparen; Seitengespräche der Teilnehmer durch Kursleiter verbieten; absolute Disziplin; Verantwortung wird von oben diktiert; Spitzel in die Seminare einschleusen; Anstrengung und Freudlosigkeit bei der pädagogischen Arbeit betonen; Risiken sind vom Leiter eines Kurses allein zu tragen; Lehrmethoden in Vorträgen festlegen; Haushaltsmittel für Methodenmaterial streichen; aus jedem Raum 2 Räume machen; Dozenten für neue Methoden tadeln/strafen; gestaffelte Honorare nach Vortragslänge; Teilnehmer und Dozenten grundsätzlich siezen; wer auf Toilette will, muß fragen.

Gegenlösungen zu den Umkehrungsideen:

Einmal im Monat einen aktuellen Methodenbrief an Kursleiter verteilen; pädagogischen Nutzen der Methoden in Ausbilder-/ Lehrerkonferenz exemplarisch darstellen; neue Methoden bei Konferenzen oder Fortbildung erleben; Erfolge/Ergebnisse mit Hilfe neuer Methoden bekanntgeben; variabel eingerichtete Räume/ angenehme Atmosphäre/ funktional gestalten (Lagermöglichkeiten/Medienräume); Freiraum für Ausgestaltung der Schulungsräume schaffen; Anreize fürs Experimentieren bieten, Nutzen des Risikos zeigen; Prämierung neuer Ideen (Methode/Raumgestaltung etc.); offen für Anregung aus anderen Bildungsbereichen; Prinzip der offenen Tür bei Kursen; neugierige, experimentierfreudige und altersgemischte Dozenten einstellen; Doppelbesetzung der Leiterfunktion bei Kursen; hauseigene Didacta; teilnehmerorientiert arbeiten lassen; Lernziel mit Dozenten besprechen, Weg von Teilnehmern bestimmen lassen; themenorientierte Zeitgestaltung, nicht: 45 Minuten = Rahmen; Öffentlichkeitsarbeit an neuen Methoden aufhängen; Tag der offen Tür; Seminare mit neuen Methoden vorführen; motivierende Erfolgsbilanz am Ende des Semesters; Dozenten z.B. in den Bewerbungen Befähigung nachweisen lassen, neue Methoden anwenden zu können; Teilnehmer zum Methodeneinsatz befragen; regelmäßiger, verbindlicher Erfahrungsaustausch zur Methodenanwendung; hierarchiefreie/ kritikfreudige/demokratische Kursgestaltung; Kommunikationsecken schaffen; begrünte, wohnzimmerähnliche Seminarräume; Ideensammlung für kostenloses Arbeitsmaterial; mit anderen Unternehmen/Institutionen kooperieren; Beratungsangebot an Dozenten: Wie werden die neuen Methoden in der Praxis eingesetzt?

■ Nebenfeldintegration

Die Methode

Der Nebenfeldintegration liegt die Erkennntis zugrunde, daß ein Problem (und seine adäquate Lösung) auch von der Umgebung, dem Umfeld, beeinflußt wird, in das es eingebettet ist. Deshalb versucht diese Methode, die Wechselwirkungen des Problems mit den wichtigen Bereichen seiner Umgebung, den Nebenfeldern, in die Lösungsfindung mit einzubeziehen. Lösungsideen können dadurch besser dem Problemumfeld angepaßt und hinsichtlich ihrer Qualität gesteigert werden.

Die Regeln der Methode

Zunächst werden die für die Problemstellung relevanten Nebenfelder mit ihren typischen Elementen bestimmt. Dann werden Nebenfelder und Elemente auf die Form der Lösung (= Nebenfeldintegration) rückbezogen.

Zeit:
ca. 60 Minuten

Material:
Flipchart/Pinnwand/Tafel
Moderationsmaterial

Teilnehmer:
für Einzelarbeit geeignet

125

Durchführung

- Problemstellung
- Problemklärung
- Neuformulierung des Problems
- Nebenfeldbestimmung:
  Die Kreativitätsgruppe bestimmt die Nebenfelder eines Problembereiches, mit denen eine Wechselwirkung besteht oder angenommen wird.
- Elemente der Nebenfelder benennen:
  In freier Assoziation werden nun einzelne Elemente aus den Nebenfeldern genannt und schriftlich festgehalten. Dabei kann die Anzahl der Elemente beschränkt werden (jeweils ca. 5 bis 15) oder aber eine beliebige Zahl von Elementen zugelassen werden.
- Lösungsfindung:
  Von den einzelnen in den Nebenfeldern gefundenen Elementen wird nun auf mögliche Lösungen zurückgeschlossen. Dieser Vorgang stellt die eigentliche Nebenfeldintegration dar.
- Auswertung:
  Die gefundenen Lösungsansätze werden kritisch beurteilt und weiterentwickelt.

Bewertung der Methode

Die Nebenfeldintegration eignet sich nicht dazu, völlig neue Lösungsmöglichkeiten zu erarbeiten. Sie trägt vor allem dazu bei, bereits vorhandene, aber noch nicht detailliert entwickelte Lösungsideen genauer auszuarbeiten und zu präzisieren und die Qualität von Lösungen weiter zu steigern.
Für den Bereich der Weiterbildung wirkt sich allerdings nachteilig aus, daß man die einzelnen Nebenfelder eines Problems im sozialen, psychischen, aber auch institutionellen Bereich nicht immer genau bestimmen kann.

Beispiel Nebenfeldintegration

Ein Protokoll

Problemstellung

Wie richte ich einen Arbeitsraum für Teamsitzungen ein?

Bestimmung der Nebenfelder

Nebenfelder:
Finanzen; Menschen; Angebot an Einrichtungsgegenständen; Größe des Teams; Dauer der Teamsitzungen; Themeninhalte der Teamsitzungen; Methoden der Teamsitzungen

Suche von Elementen aus den Nebenfeldern

Finanzen:
Knappheit; Angebote einholen; Anpassung an finanzielle Rahmenbedingungen; Spendengelder; Sonderzuschüsse; Eigenbeteiligung der Teammitglieder; bewilligten Betrag voll ausgeben

Menschen:
sachliche und/oder gemütliche Atmosphäre; Platz haben; Abgrenzung – Zuwendung (Körpernähe); Bequemlichkeit; sitzen oder stehen; Wohnlichkeit; abwechslungsreich; Kontakt- und/oder Distanzierungsmöglichkeiten; ein großer Raum; Ecken bauen; Farben und Bilder; Lichtverhältnisse; Luft; Höhe und Breite

Angebote an Einrichtungsgegenständen:
Sperrmüll mit Atmosphäre; Alltagsmöbel oder Designer-Möbel; Verhältnis von Preis und Qualität; Dauerhaftigkeit und Funktionalität; Farbigkeit; Material; Oberflächenbeschaffenheit; pflegeleicht

Größe des Teams:
alle Mitarbeiter oder nur die pädagogischen Mitarbeiter

Dauer der Teamsitzung:
offene Dauer

Themen und Inhalte der Teamsitzung:
abstrakte, anschauliche, persönliche Themen; Fortbildungsmöglichkeiten; Analyse der eigenen Arbeit; Beratung; Feste feiern

Methoden der Teamsitzung:
Supervision; Rollenspiel; Bewegungsspiel; differenzierte Moderationsmethoden; Plenum; Gruppen; Einsatz von Medien; Wandtafeln; Übungen; Stellwände; Pinnboard

Rückfluß von den in den Nebenfeldern gefundenen Elementen auf die Gestaltung der Lösungen

- Finanzrahmen abklären
- Fremdgestaltung (Handwerker) und Eigengestaltung
- lichter, luftiger, geräumiger Raum
- helle Möbel mit sympathischem Material (pflegeleicht)
- variable Anordnungsmöglichkeiten, Stapelbarkeit
- Raumschmuck (Bilder, Pflanzen, Lampen, Vorhänge, Gardinen)
- Medienecke (Arbeitsmöglichkeiten an den Wänden, Moderationsmaterialien)
- Materialienkiste
- ästhetisch schöne Möbel
- zentraler Blickfang, angenehme Farbgestaltung der Wände
- Getränkeecke, Freßecke
- Fußboden zum Liegen
- unterschiedliche Sitz-, Steh- und Liegemöbel.

▪ Identifikation

Die Methode

Die Methode der Identifikation beruht auf der Erkenntnis, daß jedes Problem sich auf mehrere Betroffene (Lebewesen oder Dinge) bezieht, ein Problem also nicht linear, sondern systemisch gelöst werden muß.

Regeln der Methode

Die Teilnehmer versetzen sich in die Rolle der Betroffenen. Das können sowohl Menschen, Lebewesen als auch andere Dinge sein. Aus dieser Perspektive suchen sie dann nach Lösungen und/oder Lösungswünschen für ein Problem. Dadurch werden gänzlich neue Sichtweisen eröffnet und neue Aspekte des Problems bewußt.
Lösungsideen ergeben sich aus den einzelnen Perspektiven oder durch die Zusammenfassung von Einzellösungen.

Zeit:
ca. 60 – 90 Minuten

Material:
Flipchart/Pinnwand/Tafel/
Moderationsmaterial

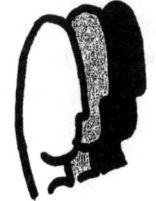

Teilnehmer:
für Einzelarbeit geeignet

Durchführung

■ Problemstellung
■ Problemklärung
■ Neuformulierung des Problems
■ evtl. Spontanlösungen
■ Rollensuche:
Alle an dem Problem beteiligten oder von dem Problem betroffenen Gegenstände oder Lebewesen werden benannt und für alle sichtbar notiert.
■ Identifikation/Rollenübernahme:
Nacheinander werden die jeweiligen Rollen von den Mitgliedern der Kreativitätsgruppe eingenommen. Hilfreich hierbei ist, die Frage zu stellen: „Wie fühlen sich die jeweiligen Betroffenen in ihren Rollen?" Aus diesen Einzelperspektiven wird nun nach Lösungen für das Problem gesucht. Folgende Fragen können dabei die Perspektivübernahme erleichtern:
   – Wie würde ich das Problem lösen, wäre ich in der jeweiligen Rolle?
   – Welche Wünsche haben die Betroffenen hinsichtlich der Lösung des Problems?
   – Worauf würden die Betroffenen bei der Lösung des jeweiligen Problems Wert legen?
■ Entwicklung von Lösungsideen:
Aus den Einzelperspektiven werden Lösungsideen entwickelt, von denen anzunehmen ist, daß sie den Vorstellungen und Bedürfnissen aller Beteiligten und Betroffenen entsprechen.
■ Auswertung:
Die Lösungsansätze werden von der Gruppe kritisch bewertet und weiterentwickelt.

Bewertung der Methode

Die Methode Identifikation verlangt viel Einfühlungsvermögen, da sich die Teilnehmer einer Sitzung in eine andere (Gefühls-) Welt von Lebewesen oder sogar von Gegenständen hineinversetzen sollen. Da dies leicht albern erscheint, sollte die Gruppe schon Erfahrung in der Arbeit mit Methoden der kreativen Ideenfindung besitzen und diszipliniert arbeiten können. Die Identifikation läßt sich auch alleine durchführen.

Beispiel Identifikation

Ein Protokoll

Problemstellung

Wie kann ich Senioren ins Filmhaus kriegen?
Wie kann ich Senioren das Filmhaus interessant machen?

Problemklärung und Neuformulierung

Wie kann ich Senioren als neue Zielgruppe für das Lichtwerkkino gewinnen?

Rollensuche

Senioren; Fragesteller; Kino; Kassierer; Verkäufer; Gebäude; Veranstalter; Vereinsmitglieder; sonstige Besucher; Programm

Identifikationen

Senioren:
Fahrdienst; Vorstellung früh am Tag; bequeme Stühle; längere Pause, um auch mal schwätzen zu können; Service; Kaffee; Filme, die ich verstehe; Filme aus meiner Jugendzeit; auf gute Akustik achten; Anlage für Schwerhörige; gemeinsam mit jungen Leuten; Bekannte mitnehmen; neue Leute kennenlernen; Informationen, die mich betreffen; Ansprechpartner, die mir bekannt sind

Veranstalter:
Viele alte Leute; Film in bunten Nachmittag eingliedern; Werbevorführung im Altenheim; Verkaufsveranstaltung; Hausbesuche; in Arztpraxen das Programm auslegen; Ankündigungen mit Fotos von Ansprechpartnern; Senioren ins Planungsteam; für alle Besucher eine Lakritzrolle

Fragesteller:
Als Senior verkleiden; Anzug anziehen; mit den Grauen Panthern verhandeln; Schlüsselpersonen ausfindig machen; denen das Blaue vom Himmel versprechen; Bundeskanzler einladen; Senioren ansprechen als Multiplikatoren; mit Senioren filmen; Senioren als Filmvorführer auftreten lassen; Live-Einlagen; bekannte alte Filmstars einladen

Vereinsmitglieder:

Fahrdienst organisieren; Patenschaften übernehmen; alte Leute in der Nachbarschaft ansprechen; selbstgebackenen Kuchen stiften; auffordern, ihre Unterhaltungstalente auszuspielen; Senioren als Vereinsmitglieder gewinnen; Senioren an den Haltestellen abholen; alle Senioren einfangen und ins Kino schleppen; Seniorenfete organisieren mit Filmeinlage

Kino:

Rollstühle aufnehmen; Spezialliegen; von außen keinen abschreckenden Eindruck machen; dunkle Brillen verteilen; warm; mehr Platz und größere Leinwand; helle Farben; individuell regulierbare Lautstärke; sauber und ordentlich; auch am Morgen benutzt werden; viel gelacht werden; keine Treppen

Sonstige Besucher:

Ältere Nachbarn mitbringen; mit Senioren sprechen über Kino und alte Filme; keine alten Filme angucken; keine Heimatfilme; keine Avantgarde-Filme; kein Besuch

Programm:

Anregend wirken für alle; gut lesbar; möchte aktivieren; Spaß, Freude machen; möchte auffallen; mit Bildern und Farben; nicht auf Umweltpapier; überall rumliegen; Interviews mit Senioren; Neugier wecken durch Filmankündigungen; gut in der Hand liegen; alte Leute sollen für mich schreiben; auch als Ton-Kassette vorstellbar; Filme aus vielen Filmepochen enthalten; Reaktionen auf Filme darstellen

Lösungsideen

■ Fahrdienst einrichten bzw. die Senioren an den Bushaltestellen abholen

■ bei der Filmauswahl die Senioren beteiligen, Kriterien für die Auswahl aufstellen

■ Tonregulierung durch Senioren vornehmen lassen, evtl. individuell regulierbare Tonstärke durch Kopfhörer

■ die Senioren zu einem bunten Nachmittag einladen, in dessen Verlauf ein Film als Überraschung gezeigt wird

■ die Betreuer des Programms in den Ankündigungen vorstellen, diese sollen eine Beziehung zu den Senioren aufbauen (+)

■ bekannte und/oder beliebte Personen des öffentlichen Lebens/Films einladen (+)

■ die Senioren an die Technik des Vorführens heranführen, so daß sie es selbst übernehmen können
■ Senioren am Vereinsleben beteiligen, als Vereinsmitglieder gewinnen, Seniorenrat bilden (+)
■ Rollstuhl- und Spezialstuhlmöglichkeiten im Kino schaffen
■ Programm über Ton- und/oder Video-Kassette in den Senioren-Zentren verbreiten (+)
■ Filme aus der Jugendzeit der Senioren ins Programm aufnehmen (+)

Bewertung der Lösungsideen

Die hervorstechenden Lösungsideen wurden mit (+) versehen. Dabei bewertete derjenige, der das Problem eingebracht hatte, diese aufgrund seiner genauen Kenntnisse der Institution und des Angebotes. Es wurden keine objektivierbaren Kriterien angewendet.

Kapitel 4
Das Seminarkonzept

4.1 Hinweise für den Trainer

Wir stellen Ihnen an dieser Stelle eine Seminarkonzeption für Teilnehmer ohne Vorkenntnisse und Erfahrungen mit Strategien zur kreativen Ideenfindung vor. Ziel eines solchen Einführungsseminars ist es, die Teilnehmer zu ermutigen und in die Lage zu versetzen, Methoden der kreativen Problemlösung in ihrem Berufsalltag einzusetzen.
Unser Vorschlag für dieses Einführungsseminar beruht auf unserer Einschätzung der einzelnen Methoden hinsichtlich ihrer Bekanntheit, ihrer Erlernbarkeit, ihrer Praxisrelevanz und des erforderlichen Zeitbudgets. Der jeweilige Trainer kann, wenn er es für sinnvoll hält, den Ablauf den aktuellen Bedürfnissen der Gruppe anpassen. So könnte die Übung am Morgen des 3. Tages mit ihrem eher bildhaften Methoden mit der Übung am Nachmittag des 2. Tages getauscht werden, um von der verbalen Ebene einmal auf eine mehr bildhafte Ebene zu wechseln.
Unsere durchschnittlichen Seminargruppen bzw. Kurse umfassen bis zu 24 Teilnehmer, d.h., sie sind zu groß, um effektiv arbeiten zu können. Für diese Gruppen haben wir bisher drei unterschiedliche Organisationsformen ausprobiert. Zwei dieser Organisationsformen arbeiten mit einem Moderatorenteam, d.h. mehr als zwei Moderatoren, die dritte hat sich dort bewährt, wo nur ein Moderator zur Verfügung steht. Alle drei Organisationsformen ergeben sich aus der Notwendigkeit, Problemlösegruppen auf 6-8 Teilnehmer zu beschränken, um jedem die Erfahrung zu vermitteln, die er sich vom Besuch eines solchen Seminars wünscht. Die Idealbesetzung für ein Einführungsseminar sind so viele Moderatoren, daß ohne Schwierigkeiten jeder Problemlösegruppe ein Moderator zur Seite stehen kann.
In der ersten Organisationsform führt ein Mitglied des Moderatorenteams alle Seminarteilnehmer gemeinsam in die Methode ein. Alle Teilnehmer bestimmen gemeinsam, welches Problem sie lösen wollen, und arbeiten gemeinsam die Problemformulierung aus. Erst dann bilden sich arbeitsfähige Kleingruppen. Die kleineren Problemlösegruppen probieren dann die jeweilige Kreativmethode in Gruppenräumen aus. In diesen Kleingruppen erfolgt auch die Beurteilung der Alltagsrelevanz.

Bei der zweiten Organisationsform werden die Seminarteilnehmer ebenfalls gemeinsam in die jeweilige Methode eingeführt. Dann bilden sich Problemlösegruppen von jeweils 6-8 Teilnehmern. Sie bestimmen individuell, welches Problem sie mit der Methode bearbeiten wollen, erarbeiten die Problemstellung und führen die Methode selbständig durch. Auch die Beurteilung der Praxisrelevanz der gefundenen Ideen und der erarbeiteten Lösungsvorschläge findet in diesen Problemlösegruppen statt. Alle Kleingruppen (je nach Seminargröße werden es 3-4 Gruppen) bleiben jedoch im gleichen Raum und arbeiten nebeneinander, gleichsam in Sichtweite, jeweils ein Moderator betreut „seine" Kleingruppe. Diese Organisationsform wirkt sehr anregend auf die Arbeitsatmosphäre, für die Freisetzung von Ideen.

Eine kurze Präsentation aller Ergebnisse und Erlebnisse der Kleingruppen mit der Methode erfolgt im Plenum. Sie sollte nicht länger als 45 Minuten dauern.

Steht nur ein Moderator zur Verfügung, empfehlen wir wieder eine Aufteilung in Kleingruppen, die ebenfalls in einem großen Arbeitsraum nebeneinander arbeiten sollten. Der Moderator führt in die Methode ein. Die Auswahl und die Formulierung des Problems erfolgt in der Großgruppe. Die einzelnen Problemlösegruppen arbeiten dann am gleichen Thema, aber selbständig, während der Moderator von Gruppe zu Gruppe wechselt, um bei Durchführungsproblemen zu helfen bzw. auf Anforderung zur Verfügung zu stehen. Schwierig bei diesem Vorgehen ist das unterschiedliche Arbeitstempo bzw. die unterschiedliche Gründlichkeit in den einzelnen Problemlösegruppen. Das kann dazu führen, daß Gruppen auf andere Gruppen warten müssen, um gemeinsam die anschließende Relevanzbewertung für den Berufsalltag mit allen Teilnehmern diskutieren zu können.

Eine wichtige Phase in jedem Problemlösungsseminar ist die Einführung zu Beginn der Sitzung. Wir geben bewußt nur wenige Anregungen zur Gestaltung dieser ersten Phase, die neben der Funktion des Aufwärmens vor allem die Aufgabe hat, die Bereitschaft zu kreativem Verhalten zu fördern. Wir meinen, dieser Teil sollte die Handschrift des jeweiligen Moderators tragen und von ihm gemäß seinem eigenen Arbeitsstil gestaltet werden. Um die Bereitschaft zu kreativem Verhalten zu fördern, schlagen wir im Anschluß an dieses Kapitel eine Reihe von Übungen und Spielen vor. Auf alle Fälle möchten wir jeden Moderator hier ermutigen, mit Methoden zu experimentieren, die seinem individuellen Moderatorenstil entsprechen.

Nach dieser Anwärmphase empfehlen wir, Problemstellungen aus dem Alltag der Seminarteilnehmer zu sammeln, quasi einen Problempool zu erstellen, auf den man im Verlauf des Seminars jederzeit zurückgreifen kann. Dazu sollten alle von den Teilnehmern genannten Probleme kommentarlos zusammengetragen, auf einer Wandzeitung **135** festgehalten und anschließend gruppiert werden. Man erspart sich zum einen die manchmal sehr langwierige Suche nach einem geeigneten Problem zu Anfang jeder neuen Trainingsphase, zum anderen ermöglicht dieser Problempool dem Trainer, eine Auswahl von Problemen bestimmten Methoden bereits auf dem Vorwege zuzuordnen. Damit kann, wenigstens in Ansätzen, der Gefahr entgegengesteuert werden, daß für bestimmte Probleme aus dem Grunde keine Lösungsideen gefunden werden, weil die Methode für das Problem ungeignet war. Einen Nachteil wollen wir dabei nicht verheimlichen: Diese eher intuitive Zuordnung des Moderators wirkt der Einbeziehung der Teilnehmer etwas entgegen.

Nach der Problemsammlung sollten Sie mit der gesamten Gruppe sogleich eine Kreativmethode ausprobieren, um den Teilnehmern zu zeigen, wie im Seminar gearbeitet wird. Wir bevorzugen dabei das sehr geläufige Brainstorming. Dieses Vorgehen gibt den Teilnehmern die Sicherheit, an bereits Bekanntes anknüpfen zu können. Gleichzeitig läßt sich gerade in der Arbeit mit dem Brainstorming der wichtigste Grundsatz aller Kreativmethoden demonstrieren, nämlich die Trennung der Ideenproduktion von der Ideenkritik. Und damit sind Sie bereits in der nächsten Phase, in der die grundlegenden Regeln für alle Kreativmethoden erläutert werden.

Für den methodischen Teil sollten Sie sich genügend Zeit einräumen, denn gerade beim Einhalten von Spielregeln für kreative Gruppen werden die meisten Fehler begangen.

Wenn Probleme nicht ausreichend diskutiert und eindeutig formuliert sind, schwirren in den Köpfen der Teilnehmer die unterschiedlichsten Probleme herum, es wird aneinander vorbeigeredet, und die Praxisrelevanz der Lösungsvorschläge im beruflichen Alltag bringt nicht den erwünschten Nutzen.

Den Abschluß des ersten Tages bildet eine dem Brainstorming verwandte Methode, das Brainwriting. Sie ist besonders geeignet, den Nutzen von Methoden der kreativen Problemlösung erfahrbar zu machen.

Legen Sie im Seminar viel Wert auf eine gründliche Bewertung der jeweiligen Lösungsideen! Nach unseren Erfahrungen wird diese Phase oft vernachlässigt. Wenn die Teilnehmer aus unterschiedlichen Institutionen kommen, kann eine Bewertung jedoch nur der Problemeinbringer vornehmen, weil nur er die spezifischen institutionellen Bedingungen kennt. Als Moderator können Sie hier lediglich exemplarisch vorgehen.

Kreative Ideenfindung ist anregend, aber auch anstrengend. Deshalb sollte, gerade bei Einführungsseminaren, auf ausreichende Pausen geachtet werden. Mehr als 6 Stunden Trainingszeit pro Tag überfordern die Teilnehmer.

Halten Sie sich nicht sklavisch an unser Seminarkonzept. Auch wir wissen, daß jeder Moderator anders arbeitet. Er sollte selbst ein Stückchen Kreativität in „sein" Seminar tragen. Die Methoden des 2. und 3. Tages lassen sich sehr gut mixen. Das setzt jedoch voraus, daß der Moderator diesen Seminartyp kennt und die Methoden souverän beherrscht.

Abschließend möchten wir noch eindringlich darauf hinweisen, daß Moderatoren, die solche Einführungsseminare durchführen wollen, selbst mindestens an einem solchen Seminar teilgenommen und Erfahrungen als Leiter von mehreren Problemlösegruppen, in denen mit unterschiedlichen Methoden der kreativen Ideenfindung gearbeitet wurde, gesammelt haben sollten. Nur durch solche Praxiserfahrungen werden Sie in der Lage sein, auf unterschiedliche Erwartungen, Gruppen, Situationen und Probleme adäquat zu reagieren und die oft nicht leicht zu bewältigenden Transferaufgaben bei der Entwicklung von Lösungsideen aus dem vorher gesammelten kreativen Material zu erfüllen. Nur die praktische Erfahrung verschafft dem Moderator die Klarheit darüber, wie er mit den Methoden umzugehen hat.

Doch nun zum Seminarablauf, den wir Ihnen in Form von Plakaten vorstellen.

4.2 Fragestellungen für Kreativitätssitzungen und ihre Zuordnung zu einzelnen Methoden der kreativen Ideenfindung

Bisher ist uns eine überzeugende Antwort auf die Frage, wie man Probleme einer bestimmten Methode zuordnet, noch nicht begegnet. Die in der Literatur genannten Zuordnungskriterien scheinen uns zu allgemein, zu wenig begründet und zu wenig praxisrelevant zu sein. Man ordnete in seinen Seminaren die von den Teilnehmern eingebrachten Fragestellungen eher intuitiv einzelnen Methoden aufgrund der eigenen Erfahrungen zu. Die Intuitionen wurden dabei soweit wie möglich offengelegt. Die Entscheidung war jedoch oft, bezogen auf die einzelnen Methoden, noch sehr vage. Uns scheint eine Zuordnung von Problemen zu den Grundprinzipien der Methoden hilfreicher zu sein. Einen Versuch in dieser Richtung stellt die folgende Zuordnung von Problemen dar.

Als Faustregel kann dabei folgende Erkenntnis hilfreich sein:
■ Je komplexer ein Problem/eine Fragestellung ist, desto bildlicher sollte die Methode sein.
■ Die Wahl der Methode hängt von der Intention ab, die man mit seiner Frage verbindet:
  – Sollen möglichst viele Ideen, darunter auch schon bekannte, entwickelt werden, sind Assoziationsmethoden und Methoden der systematischen Bedingungsvariation eher geeignet
  – Sollen möglichst neue, ungewöhnliche Lösungsideen gefunden werden, sind Analogie- bzw. Reizwortmethoden oder Methoden der Zufallsanregung eher geeignet.

Festhalten können Sie noch folgende Grundsätze:
■ Benutzen Sie Assoziationsmethoden, um Ideenpools zu bilden.
■ Benutzen Sie Analogiemethoden, um Konzepte zu entwickeln.
■ Benutzen Sie Reizwortmethoden, um unkonventionelle Vorgehensweisen zu finden.
■ Benutzen Sie Methoden der systematischen Bedingungsvariation, um Veränderung und Modifizierung zu erreichen.

Welche Fragestellungen eignen sich für welche Methoden

Eine Beispielsammlung

1. Wie werben wir für neue Auszubildende?
2. Produktname für ein alkoholfreies Bier
3. Konzepte für weibliche Führungskräfte/Mütter im Unternehmen
4. Firmenlogo/-namen entwickeln
5. Vertrieb: neue Kundengruppe selektieren
6. Fusionierung zweier Unternehmen: Wie gestaltet man die Eingliederung der Mitarbeiter?
7. Jubiläumsveranstaltungsideen entwerfen (Verein, Unternehmen)
8. Verwaltungsabteilung: Wie lassen sich interne Kosten reduzieren?
9. Verlag: neues Zeitschriftenkonzept für Senioren entwickeln
10 Strategieentwicklung für Automobilunternehmen
11.Abteilungskonflikt um „Freitagnachmittagsanwesenheitsregelung": neue Regelung für Behörden/Dienstleistungsunternehmen
12.Bildungsplanung: neue Seminarangebote finden
13.Wie kann man die Zusammenarbeit zwischen Innen- und Außendienst verbessern?
14.Verkehrsministerium: Autos aus der Innenstadt – neue Ideen und Konzepte finden
15.Wasserwerke: Wie können Badeanstalten zu „Erlebniswelten" verändert werden?
16.Hotelbranche: Wie lassen sich neue Gästegruppen ansprechen?
17.Entwicklung eines Social-Marketing-Konzeptes für eine Corporate-Identity-Strategie
18.Wie erreiche ich die Teilnahme am Bildungsurlaub, ohne sozialem Druck ausgesetzt zu werden?
19.Wie trage ich Konflikte mit meinem Vorgesetzten aus?
20.Wie stoppt man die Austrittsbewegung aus Gewerkschaft, Kirche, Vereinen?
21.Entwicklung eines Konzeptes für sanften Tourismus.

Bevor Sie nun weiterlesen, versuchen Sie doch einmal, auf eigene Faust jeder Problemstellung eine passende Kreativitätsmethode zuzuordnen!

Lösung

Assoziationsmethoden

Fragestellung:
Punkt 2: Produktname für alkoholfreies Bier
Punkt 4: Firmenlogo/-namen entwickeln
Punkt 19: Wie trage ich Konflikte mit meinem Vorgesetzten aus?

Analogiemethoden

Fragestellung:
Punkt 9: Verlag – neues Zeitschriftenkonzept
Punkt 10: Strategieentwicklung für Automobilunternehmen
Punkt 13: Konzepte für weibliche Führungskräfte/Mütter im
         Unternehmen
Punkt 14: Verkehrsministerium – Autos aus der Innenstadt: neue
         Ideen und Konzepte finden
Punkt 7: Entwicklung eines Social-Marketing-Konzeptes
Punkt 21: Entwicklung eines Konzeptes für sanften Tourismus

Reizwortmethoden

Fragestellung:
Punkt 7: Jubiläumsveranstaltungsideen
Punkt 11: Abteilungskonflikt
         „Freitagnachmittagsanwesenheitsregelung"
Punkt 13: Zusammenarbeit Innen-/Außendienst
Punkt 15: Wasserwerke – Badeanstalten zu Erlebniswelten
Punkt 16: Hotelbranche – neue Gästegruppen
Punkt 18: Teilnahme Bildungsurlaub

Methoden der systematischen Bedingungsvariation

Fragestellung:
Punkt 1: Werbung für neue Auszubildende
Punkt 5: Vertrieb – neue Kundengruppen
Punkt 6: Fusionierung – Eingliederung neuer Mitarbeiter
Punkt 8: Verwaltungsabteilung – Einsparung interner Kosten
Punkt 12: Bildungsplanung – neue Seminarangebote finden
Punkt 20: Wie stoppt man die Austrittsbewegung aus
         Gewerkschaften, Kirchen, Vereine?

4.3 Der Seminarablauf

Nachfolgend finden Sie ein von uns erprobtes Beispiel eines Seminars zur Einführung in die Methoden der kreativen Problemlösung. Die angegebenen Zeiten orientieren sich an Gruppengrößen, mit denen wir häufig arbeiten. Sie sind deshalb lediglich als ungefähre Richtgröße zu verstehen.

1. Tag

Die Anfangsphase des Seminars soll, wie in vielen anderen Seminaren auch, den Teilnehmern die Möglichkeit bieten, sich über die besonderen Rahmenbedingungen (Beginn, Ende, Pausen, Räumlichkeiten usw.) zu informieren und vor allem sich untereinander ein wenig kennenzulernen. Auch der Moderator stellt sich hier zum ersten Mal der Gruppe vor, er sollte deshalb für diese Phase einfache Übungen (zum Kennenlernen) wählen, mit denen er schon Erfahrungen gemacht hat und mit denen er sich vertraut fühlt. Das hilft anfängliche Unsicherheiten bei den Teilnehmern abzubauen. Die Übungen schaffen erstes Vertrauen, welches für das weitere Vorgehen wichtig ist.

Anschließend findet eine theoretische Einführung in das Thema statt. So wird eine gemeinsame Wissensbasis für alle Teilnehmer geschaffen.

Nach dem Mittagessen erfolgt eine kreative Aufwärmphase. Hier soll die Bereitschaft der Teilnehmer zum kreativen Verhalten gefördert werden. Die ausgewählte Übung in dieser Phase sollte einfach und unkompliziert sein. Eine kleine Auswahl geeigneter Übungen finden Sie als Anregung in Abschnitt 4.4.

In der Phase der Problemsammlung wird ein Problempool aus den Alltagserfahrungen der Teilnehmer zuammengestellt. Auf Zuruf werden die genannten Probleme gesammelt und auf Moderationskarten festgehalten, oder die Teilnehmer schreiben typische Probleme auf Moderationskarten. (Denken Sie daran, daß Sie benötigtes Material immer gut vorbereiten.) Anschließend werden die gesammelten Aussagen zu Problembereichen gruppiert. Der Trainer kann die unterschiedlichen Bereiche den unterschiedlichen Kreativmethoden zuordnen. Durch diese Vorgehensweise haben die Gruppenmitglieder einen Bezug zum eigenen beruflichen Alltag.

Seminarablauf 1. Tag

Uhrzeit	
10³⁰ - 11³⁰	Kennenlernen + Organisatorisches
11³⁰ - 12³⁰	Anmerkungen zum Thema „Kreativität"
12³⁰ - 14¹⁵	🍴 Mittagessen
14¹⁵ - 15¹⁵	Kreative Aufwärmphase
15¹⁵ - 15⁴⁵	Problemsammlung aus dem beruflichen Alltag
15⁴⁵ - 16¹⁵	☕ Kaffeepause
16¹⁵ - 17⁴⁵	Methode: Brainstorming
17⁴⁵ - 18³⁰	Das Arbeiten mit Methoden der kreativen Ideenfindung
18³⁰ - 19³⁰	🍴 Abendessen
19³⁰ - 21⁰⁰	Methode: Brainwriting

142 Abb. 9: Seminarplan „Einführung in die Kreativitätstechniken", 1. Tag

Als erste Methode wird das Brainstorming durchgeführt. Sie eignet sich besonders gut zur Einführung in die Arbeitsweise des Seminars. Viele haben vielleicht eigene Erfahrungen mit der Methode gemacht oder von ihr gehört. Das Gefühl, an bereits Bekanntes anknüpfen zu können, gibt den Teilnehmern Sicherheit, gleichzeitig läßt sich gerade in der Arbeit mit Brainstorming der wichtigste Grundsatz aller Kreativmethoden demonstrieren: die Trennung der Ideenproduktion von der Ideenkritik. So leiten Sie dann über zum anschließenden Arbeitsschritt, in dem die „Spielregeln" erläutert werden. Das Wissen um diese Regeln ist für die erfolgreiche Arbeit mit weiteren Techniken unerläßlich. Um die sachgemäße Anwendung auch im beruflichen Alltag zu sichern, ist es wichtig, daß die Teilnehmer Erfahrungen im Umgang mit den Regeln machen.

Zum Abschluß des ersten Tages wird das „Brainwriting" durchgeführt. Diese Methode eignet sich gut dazu, den Nutzen der Kreativmethoden erfahrbar zu machen.

Der erste Tag ist sehr lang und sehr intensiv, aber bevor Sie die Teilnehmer in den wohlverdienten Feierabend entlassen, machen Sie eine kurze Abschlußrunde, in dem auch z.B. offene Fragen geklärt werden können.

2. Tag und 3. Tag

Wir haben darauf verzichtet, den zweiten und dritten Tag ähnlich dem ersten ausführlich zu kommentieren. Sehen Sie diese Struktur als eine von vielen möglichen Vorgehensweisen. Wir finden, jedes Seminar sollte die Handschrift seines Moderators tragen, und insbesondere in einem Seminar zur kreativen Ideenfindung sollten Sie offen und flexibel für neue Ideen bleiben.

Seminarablauf 2. Tag

Uhrzeit	
$9^{00} - 10^{30}$	Methode: Die Osborn - Checkliste
$10^{30} - 11^{00}$	☕ Kaffeepause
$11^{00} - 12^{30}$	Methode: Kopfstandtechnik
$12^{30} - 14^{30}$	🍴 Mittagessen
$14^{30} - 16^{00}$	Methode: Superposition
$16^{00} - 16^{15}$	☕ Kaffeepause
$16^{15} - 17^{45}$	Methode: Semantische Intuition

144 Abb. 10: Seminarplan „Einführung in die Kreativitätstechniken", 2. Tag

Seminarablauf 3. Tag

Uhrzeit	
9⁰⁰ - 10⁴⁵	Methode : Visuelle Synektik
10⁴⁵ - 11¹⁵	☕ Kaffeepause
11¹⁵ - 12⁴⁵	Methode : Bisoziation
12⁴⁵ - 14⁰⁰	🍴 Mittagessen
14⁰⁰ - 14⁴⁵	Methode : Force - Fit - Spiel
14⁴⁵ - 15⁰⁰	☕ Kaffeepause
15⁰⁰ - 16⁰⁰	Schlußworte, Abschied, Ausblick

Abb. 11: Seminarplan „Einführung in die Kreativitätstechniken", 3. Tag **145**

4.4 Übungen zur Kreativitätsförderung

Anmerkungen zu den Übungen

Die folgende Auswahl von Kreativitätsübungen erhebt nicht den Anspruch auf Vollständigkeit. Kreativitäts-Moderatoren finden hier einige Anregungen aus dem riesigen Fundus vorhandener Übungen. Neu ist allerdings der ganzheitliche Charakter der Übungszusammenstellung. Neben Übungen, die kreatives Denken mittels geistiger Anregungen fördern, stellen wir auch Bewegungs- und Entspannungsübungen vor, denn kreative und schöpferische Erfahrungen macht eine Person nicht nur mit dem Geist, sondern ebenso mit dem ganzen Körper.

Beachten Sie bitte bei allen Übungen (insbesondere bei den Phantasie- und Entspannungsübungen), daß diese die Teilnehmer lediglich spielerisch, in einer lockeren Atmosphäre an ungewöhnliche, kreativitätsfördende Denkweisen heranführen sollen. Falls gewünscht, kann ein kurzer Reaktionsaustausch stattfinden, ansonsten werden die Ergebnisse für sich stehengelassen. Die Bewertung möglicher Lösungsideen ist nicht erforderlich.

Zu jeder Übung finden Sie Angaben und Hinweise zum benötigten Material und zeitlichen Rahmen. Wir orientieren uns hierbei an der bereits beschriebenen Gruppengröße unserer Seminare, deshalb sind diese Hinweise nur als Richtgrößen zu verstehen. Selbstverständlich gelten für diese Übungen, wie bei den Methoden der kreativen Ideenfindung, auch die Spielregeln für kreative Gruppen.

■ Einstiegsübungen

Obwohl diese Übungen Einstiegsübungen heißen, eignen sie sich ebensogut für „mal kurz zwischendurch". Sie sind einfach, verständlich und schaffen eine lockere, ungezwungene Atmosphäre. Sie führen den Teilnehmer phantasievoll und spielerisch an den Prozeß der Kreativität heran. Zusätzlich können sie Gruppen aus festgefahrenen Situationen heraushelfen. Sie bedürfen weder einer großen Vorbereitung noch einer intensiven Nachbereitung – sie werden praktisch aus dem Stegreif gemacht.

Reizwort-Übung

Die Teilnehmer bilden zu ausgesuchten Reizwörtern, 5 Minuten lang, alle Assoziationen bzw. Assoziationsketten, die ihnen einfallen. Je exotischer und weiter hergeholt diese sind, um so lustiger und interessanter wird die Übung.

Beispiele für Reizwörter:
Kreativität, Alkohol, Steuererhöhung, Bayern, Computer, Intelligenz, Chef, Ehe, Fortbildung usw.

Durchführung:
Entweder als Einzelarbeit, wobei hinterher die gefundenen Assoziationen in der Gruppe zusammengetragen werden. Dabei muß nicht jeder drankommen. Oder auf Zuruf, in der Gesamtgruppe. Der Moderator hält die zugerufenen Assoziationen auf Karten bzw. auf einem Plakat fest.

Material:
Für diese Übung sind Moderationsmaterial, ausreichend Papier und Stifte für die Teilnehmer nötig. Sie dauert ca. 10 – 15 Minuten.

Der Ziegelstein

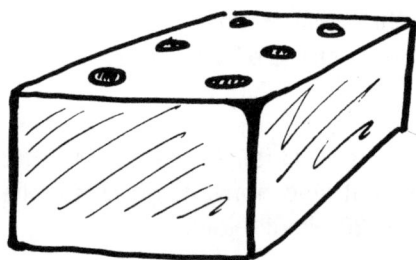

Die Teilnehmer werden aufgefordert, sich verschiedene Anwendungsmöglichkeiten für den abgebildeten einfachen Ziegelstein zu überlegen. Sie müssen lediglich außerhalb seiner eigentlichen Bestimmung liegen. Die Teilnehmer sollten ausreichend Zeit zur Verfügung haben, ca. 5 – 10 Minuten.

Durchführung:
Entweder in der Gruppe, auf Zuruf, während der Moderator die verschiedenen Möglichkeiten auf Karten oder auf ein Plakat schreibt, oder in Einzelarbeit. Jeder kann für sich aufschreiben, welche Mög-

lichkeiten ihm einfallen. Danach werden die Ergebnisse zusammengetragen. Es muß nicht jeder zu Wort kommen.

Material:
Für diese Übung können Sie außer dem Ziegelstein jeden beliebigen
Gegenstand verwenden. Er sollte jedoch möglichst in natura während
der Übung vorliegen oder als gelungene Abbildung. Außerdem benöti-
gen Sie Pinnwand, Flipchart oder Tafel, Moderationsmaterial und für
die Einzelarbeit genügend Stifte und Papier. Insgesamt dauert diese
Übung ca. 20 – 25 Minuten.
Eine kleine Auswahl in Frage kommender Gegenstände:
Flaschenöffner, Fahrradschlauch, Büroklammer, Korken usw.

Da steckt was drin...

Die Teilnehmer bilden neue Wörter mit den Buchstaben schon vorhandener Wörter. Diese Übung, obwohl ganz simpel, verlangt ein Lö-
sungsmuster, um „anders" und „ganz neu" denken zu können.

Durchführung:
Die Gruppe überlegt sich verschiedene Wörter, aus denen dann neue
gebildet werden sollen. Falls ihr nicht so schnell passende Wörter einfallen, lassen Sie die Teilnehmer welche aus einer Zeitung oder Zeitschrift auswählen. Schreiben Sie die ausgesuchten Wörter für alle
sichtbar auf. Am schönsten ist diese Übung auf Zuruf in der Gesamtgruppe. Alleine könnten sich die Teilnehmer evtl. langweilen.

Material:
Pinnwand, Flipchart oder Tafel, Moderationsmaterial und evtl. eine
Zeitung oder Zeitschrift sind notwendige Materialien. Planen Sie für
diese Übung ca. 15 – 20 Minuten ein.

Beispiele:

Bungalow	Segelboot	Sportwagen	Lotterie
Gnu	See	....	....
Bau	....	....	....
usw.	....	....	....

Drudeln

Beim „Drudeln" zeichnen die Teilnehmer einfache, beliebige Formen
und Figuren auf Papier. Diese Zeichnungen können zunächst ohne
148 inhaltliche Bedeutung sein.

Durchführung:

Nach dem Zeichnen, es können auch mehrere „Drudels" sein, werden diese in die Mitte gelegt, und die Teilnehmer überlegen sich gemeinsam, was die Drudels wohl darstellen könnten.

Material:

Für diese Übung brauchen Sie genügend Stifte (Bleistifte, Buntstifte etc.) und Papier. 30 Minuten sollten für diese Übung ausreichend sein.

Beispiele für Drudels:

das Drudel von dem mexikanischen Radfahrer:

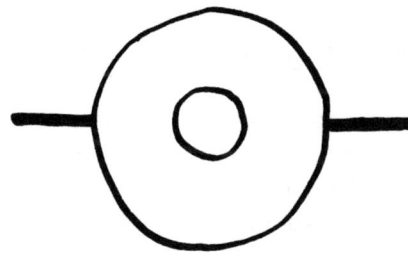

Hier ein anderes „prominentes" Beispiel (von Antoine de Saint-Exupéry):
der Python, der gerade einen Elefanten gefressen hat.

Gruppengeschichte erzählen

Ein Teilnehmer erfindet den ersten Satz einer Geschichte. Der rechte Nachbar setzt die Geschichte mit einem zweiten Satz fort usw. Je ungewöhnlicher und weiter hergeholt die Sätze sind, desto mehr Spaß macht diese Übung.

Durchführung:

Jeder Teilnehmer soll mindestens einmal drankommen, wobei darauf zu achten ist, daß die Pausen zwischen den einzelnen Sätzen nicht zu **149** lang werden. Teilen Sie sehr große Gruppen, damit die Gruppenmitglieder öfter an die Reihe kommen. Das Spiel dauert so lange, wie die Spannung in der Runde anhält.

Variante:
Statt der ganzen Sätze können auch nur halbe bzw. nur Satzanfänge gesagt werden.

Material:
Material wird bei dieser Übung nicht benötigt. Der Moderator entscheidet intuitiv, wann er die Übung beendet.

◼ Bewegungsübungen

Wie der Name schon sagt, sind die folgenden Übungen dazu geeignet, die Gruppenmitglieder zu aktivieren. So können sie ganz neue Möglichkeiten hinsichtlich ihrer Fähigkeiten zur Ideenfindung erfahren. Durch die physische Bewegung erleben die Teilnehmer Kreativität nicht nur mit dem Kopf, sondern mit dem ganzen Körper. Bei diesen Übungen ist es wichtig, daß alle Teilnehmer mitmachen, deshalb eignen sie sich für Gruppen, die etwas vertrauter miteinander sind. In der Anfangsphase eines Trainings sind die individuellen Hemmschwellen für diese Art von Übungen noch zu groß. Sind die Blockaden überwunden, machen sie dann wirklich Spaß.

Kreative Begrüßung

In dieser Übung bringen die Teilnehmer ihre Empfindungen nonverbal, mittels ihrer Mimik und Gestik zum Ausdruck. Dabei soll dieser Ausdruck möglichst ungewöhnlich sein. Der Moderator stimmt die Teilnehmer in etwa wie folgt ein:
„Bitte stellen Sie sich jetzt vor, daß Sie einen alten Bekannten treffen, den Sie lange nicht gesehen haben. Sie freuen sich sehr, ihn wiederzusehen. Versuchen Sie einmal, Ihre Freude nonverbal zum Ausdruck zu bringen. Sie dürfen nicht sprechen. Erfinden Sie eine völlig neue Form einer freudigen Begrüßung. Ihrem Erfindungsreichtum sind dabei keine Grenzen gesetzt."

Durchführung:
Der Moderator fordert die Teilnehmer auf (dabei kann er sich selbstverständlich selbst mit einbeziehen), Paare zu bilden. Jetzt überlegen sie sich, auf wen sie besonders neugierig sind, und suchen so ihre Partner aus. Dann erfolgt die o.g. Einstimmung.

Die Paare bekommen pro Partner ca. 5 Minuten Zeit, sich gegenseitig „zu begrüßen". Anschließend sprechen die Paare kurz darüber, wie sie die Begrüßung erlebt haben. Danach kehren die Teilnehmer zu einem kurzen Reaktionsaustausch in den großen Kreis zurück.

Material:
Es wird kein Material benötigt. Planen Sie insgesamt ca. 15 – 20 Minuten ein.

Objektweitergabe

Der Moderator fordert die Teilnehmer auf, sich vorzustellen, in der Mitte des Raumes läge ein leichter, formbarer, runder Gegenstand. Der Gegenstand soll symbolisch für irgendeine Idee oder einen Einfall (der nicht besonders benannt wird) stehen. Diese Übung verläuft, ohne daß gesprochen wird.

Durchführung:
Der imaginäre Gegenstand wird pantomimisch aus der Mitte des Raumes an andere Gruppenmitglieder weitergegeben. Ein Teilnehmer beginnt, indem er den Gegenstand aufhebt, ihn verformt (falls er das möchte) und an ein beliebiges Mitglied weitergibt. Alle sollen in diese Übung mit einbezogen werden. Insgesamt stehen für diese Übung (je nach Gruppengröße) 10 – 15 Minuten zur Verfügung. Anschließend gibt es einen kurzen Reaktionsaustausch.

Das Geheimnis in der Tüte

Zwei mit „geheimnisvollen" Gegenständen (es können auch aufgeschriebene Dinge sein) gefüllte Tüten oder Beutel bilden die Grundlage für kleine Sketche.

Durchführung:
Die Gruppe bildet zwei Teams. Jedes Team erhält jeweils eine der Tüten und zehn Minuten Zeit, sich einen Sketch auszudenken. Dieser wird anschließend pantomimisch aufgeführt. Alle Gegenstände aus der Tüte sollen in den Sketch mit einbezogen werden. Anschließend können die Zuschauer ihre Deutung des Sketches erzählen.

Material:
Der Moderator bereitet zwei Tüten mit unterschiedlichen Gegenständen vor. Insgesamt werden ca. 30 Minuten benötigt.

Tonklumpen formen

Die Hälfte der Teilnehmer wird zu „Tonklumpen", die andere Hälfte zu „Bildhauern". Diese ungewöhnliche Übung fördert das Einfühlungsvermögen der Teilnehmer. Sie versuchen, die Absicht des Partners körperlich und geistig nachzuvollziehen.

Durchführung:
Die „Bildhauer" formen die „Tonklumpen" zu vorgegebenen Statuen, z.B. zu einer Fußballmannschaft auf dem Sportplatz, zu Marktfrauen auf dem Wochenmarkt, zu Ärzten im Operationssaal usw. Die Gruppe der „Bildhauer" entscheidet vorher, zu was sie die „Tonklumpen" formen wollen. Die „Tonklumpen" versuchen dabei herauszufinden, was der oder die „Bildhauer" aus ihnen gemacht haben. Danach werden die Rollen gewechselt. Diese Übung dauert ca. 20 Minuten.

■ Imaginationsübungen

Unter Imaginationsübungen sind Entspannungsübungen und Phantasiereisen zusammengefaßt. Beide Formen regen den kreativen Gedankenfluß „im Kopf" an.

Entspannungs- und Phantasieübungen sollen den Kopf frei machen für neue Eindrücke, uns anregen und ermutigen, ungewöhnliche Wege einzuschlagen. Unsere Phantasie führt uns in diesen Übungen an Plätze und Orte, an die wir sonst nicht gelangen können. In unserer Vorstellung können wir Dinge tun, die wir normalerweise nicht machen. Ganz neue Perspektiven werden für den Phantasierenden zugänglich. Der Phantasie freien Lauf zu lassen gelingt nur, wenn wir uns in einen Zustand der entspannten Aufmerksamkeit versetzen können. Erst dann sind wir in der Lage, unsere Gedanken schweifen zu lassen, unseren Blick nach „innen" zu richten und neue, ungewöhnliche Anregungen wahrzunehmen.

Diese Übungen lösen zunächst vielleicht Befremden aus, eignen sich aber hervorragend, um arbeitsbedingte Spannungen abzubauen.

1. Entspannungsübungen

Folgende Übungen finden zwei Einsatzschwerpunkte. Nach intensiver Arbeit ist es sinnvoll, sie als „Erholungsübungen" einzusetzen. Sie eignen sich ferner als Vorbereitung für nachfolgende Phantasiereisen.

Phantasien sind nicht erzwingbar, deshalb ist es wichtig, daß das

Bewußtsein der Teilnehmer zunächst in einen Zustand entspannter Aufmerksamkeit versetzt wird. Dieser Zustand ist der Schlüssel für jede Phantasie und macht empfänglich für die eigenen inneren Bilder.

Erholungsreise

Alle Teilnehmer setzen sich bequem hin und schließen ihre Augen. Ihre Atmung ist tief und ruhig. Der Moderator beginnt in einer ruhigen, gleichmäßigen Sprechweise in etwa folgendes zu erzählen (Die Punkte zwischen den Sätzen bedeuten kleine Pausen. Sie dienen dazu, den Zuhörern genügend Zeit zu geben, sich auf den Inhalt des Gesprochenen einzustimmen.):
„Stellen Sie sich vor, sie haben sich sehr angestrengt und sind nun sehr erschöpft... Sie brauchen dringend Ruhe und Erholung... In Gedanken können Sie an jeden beliebigen Platz der Welt fahren,... selbst an Orte, die es in Wirklichkeit gar nicht gibt, die Sie sich nur ausdenken... z.B. ins Schlaraffenland,... ins Feenreich,... zum Mittelpunkt der Erde usw... Träumen Sie sich an einen Ort, den Sie mögen, ...machen Sie es sich bequem,... ruhen Sie sich aus,... genießen Sie die Ruhe, die Geborgenheit, den Frieden......“

Nach etwa ein bis drei Minuten holt der Moderator die Gruppenmitglieder von der Reise in die Wirklichkeit zurück:
„Nun sind Sie ruhig und wunderbar erholt.... Sie freuen sich auf das, was jetzt passieren wird... Sie kommen langsam zurück,... öffnen die Augen und sind wieder in der Gruppe.“
Anschließend können die Teilnehmer über ihre Reise berichten, falls der Wunsch besteht. Insgesamt sollte diese Übung nicht länger als 5 – 10 Minuten dauern.

Innere Stimme

Diese Übung stellt eine der zahlreichen Möglichkeiten dar, den Zustand der entspannten Aufmerksamkeit zu erreichen. Sie hilft den Teilnehmern, ihre „innere Stimme“ für eine Weile abzustellen.
„Bringen Sie Ihren Körper in eine bequeme Position, in der Sie sich gut entspannen können... dann schließen Sie die Augen... achten Sie auf Ihre Atmung... verändern Sie nichts an Ihrer Atmung, nehmen Sie einfach wahr, wie die Luft hinein- und hinausgeht... lassen Sie den Sauerstoff weit in Ihren Körper hinein, aber pressen Sie nicht... spüren Sie Ihre Füße... beginnen Sie sie zu entspannen, lassen Sie sie schwer werden... lassen Sie diese schwere Entspanntheit in Ihre Füße wandern... durch die Knie... in die Hüften... über ihren ganzen Körper... stellen Sie sich vor, daß sich die Entspannung über den ganzen

Körper ausbreitet... den Magen erfüllt... Brust... Rücken... Schultern... lassen Sie ihre Arme entspannen... ihre Hände... spüren Sie, wie sich Ihr Hals entspannt... Ihr Gesicht... wie Ihr Kiefer lose wird, weich... Ihre Lippen... Ihr Kinn... Ihre Augen... die Stirn... Ihre Kopfhaut... nehmen Sie weiterhin wahr, wie Sie atmen und nehmen Sie sich ein bißchen Zeit, das Gefühl in Ihrem ganzen Körper zu genießen, bevor wir unsere Phantasiereise beginnen."

Zeit:
Für diese Übung sollten Sie sich ca. 5 Minuten nehmen.
Anschließend kann mit der Phantasiereise begonnen werden.

2. Phantasiereisen

Phantasiereisen schulen unsere Vorstellungskraft. Phantasie ist eine wichtige Voraussetzung für den kreativen Prozeß. Schwerpunktmäßig entstehen Phantasien in der rechten Gehirnhemisphäre. Diese arbeitet eher passiv und weniger aktiv-analytisch als die linke Gehirnhemisphäre. Phantasien sind unbewußter, tauchen auf, wie Bilder in einem Film. Die folgenden Übungen sind „gelenkte Phantasien" und ermöglichen dem Teilnehmer, seine inneren, unbewußten Ideen zu erkennen und zu fixieren.

Auf der Wiese

Nach einer vorgeschalteten Phase der Entspannung
(ca. 3 – 5 Minuten) wird die Reise begonnen.
Die Gruppenmitglieder sitzen entspannt und bequem auf ihrem Stuhl.
Alle schließen die Augen.
Der Moderator beginnt mit ruhiger Stimme z.B. folgendes zu erzählen:
„Sie liegen auf einer Wiese... Die Sonne scheint warm auf Ihren Körper... Sie hören Vögel zwitschern... Das Gras duftet... Insekten surren von Blume zu Blume... In der Ferne plätschert Wasser... Weiße Wolken schweben am Himmel vorüber... usw."

Der Moderator läßt den Teilnehmern zwischen den Sätzen genug Zeit, sich in die beschriebene Situation hineinzuversetzen. Zu dieser und ähnlichen Übungen lassen sich zahlreiche Variationen ausdenken. Die Aufmerksamkeit des Teilnehmers kann auf weitere Erlebnisse gelenkt werden, wie z.B.:
Welche Blumen können Sie riechen? Welche Formen haben die Wolken? Sie stehen auf und schauen sich um. Sie entdecken am Rand der Wiese einen Weg. Er führt durch ein kleines Wäldchen...

usw.

Nach einer Weile, 15 Minuten sind ausreichend, holt der Moderator die Teilnehmer von ihrer Reise zurück:
„Die Sonne geht langsam unter... Sie spüren, wie es kühler wird... Allmählich müssen Sie nach Hause... Sie strecken sich genußvoll... Machen Sie die Augen auf... Jetzt sind Sie wieder bei uns in der Gruppe.“

Phantasieren mit Musik

Neben der Begleitung durch Worte ist es auch möglich, die Phantasie und den kreativen Ausdruck durch Musik anzuregen. Die Musik sollte auf Tonband oder Kassette aufgenommen werden. Stücke von ca. 15 Minuten Länge sind für diese Übung geeignet. Die Teilnehmer versuchen nun, ihren Empfindungen auf verschiedene Art und Weise Ausdruck zu verleihen. Sie können frei wählen, welche Möglichkeit ihnen am meisten zusagt. So entstehen auch verschiedene Kleingruppen.

Möglichkeiten des Ausdrucks:
- Nur zuhören, Musik auf sich wirken lassen.
- Die entstehenden Bilder malerisch umsetzen.
- Durch Notizen auf einem Zettel die Phantasien festhalten.

Nach der Musik bleiben die Teilnehmer in ihren Gruppen ruhig sitzen, bevor ein kurzer Erfahrungsaustausch innerhalb der Kleingruppen beginnt.

Allgemeine Hinweise zu Phantasiereisen:
Der Moderator beachtet in diesen Übungen, daß die Teilnehmer wirklich behutsam aus ihrer Entspannung oder Phantasie zurückgeholt werden. Dieses „Grounding“ – die Teilnehmer werden aus den „Lüften“ ihrer Vorstellungen zum „Boden“ der Realität hinab begleitet – ist notwendig, damit die entstandenen Bilder in die Wirklichkeit hinüber gleiten können. Danach erhalten die Teilnehmer die Möglichkeit, kurz ihre Erlebnisse zu schildern, falls sie dies wünschen. Diese letzte Phase trägt den Namen „Processing“. Ein Erfahrungsaustausch in der Gesamtgruppe erfordert eine Atmosphäre des Vertrauens; dabei sind folgende „Spielregeln“ zu beachten:
- Interpretieren Sie die Bilder nicht.
- Beurteilen Sie die Bilder nicht.
- Geben Sie keine „Noten“.
- Erlauben Sie nicht, daß die Phantasien untereinander verglichen werden.

Hilfreich sind Prozeßfragen wie: Was haben Sie gesehen? Was bedeuten Ihnen die Bilder? Was dachten Sie? – Achten Sie jedoch darauf, daß Sie hierbei nicht zu tief nach Bedeutungen „schürfen".

Wichtig ist auch, nicht die Erwartung zu wecken, daß etwas Spektakuläres bei der ersten Phantasiereise passieren wird. Solche Reisen können immer wiederholt und variiert werden. Es erfordert viel Zeit und Geduld, bevor man wirklich in der Lage ist, sich wirklich „loszulassen". Der Moderator sollte die jeweilige Phantasiereise selber ausprobieren, bevor er sie im Seminar einsetzt. Das kann er mit Freunden oder Kollegen tun. So können eventuelle Unstimmigkeiten im Vorwege und nicht erst im „Ernstfall" geklärt werden.

■ Schöpferische „Denkübungen"

Schöpferische Denkübungen fordern den Teilnehmer auf, gewohnte und gern benutzte Denkpfade zu verlassen. Er begibt sich dann auf neues, holperiges Terrain und stellt fest, daß dieses „Querfeldein"-Denken seinen Ideenfluß anregt. Wichtige Kreativitätsfaktoren wie Assoziationen, Spontaneität und Vorstellungsvermögen werden in den folgenden Übungen gefördert.

Buchstabensalat

In dieser Übung haben die Teilnehmer die Möglichkeit, angesammeltes Wissen, Ideen und Assoziationen einzubringen. Ausgangspunkt ist wahrlich ein „Salat" aus Buchstaben und Buchstabenkombinationen.

Beispiel für einen Buchstabensalat:

Durchführung:

Der Moderator gibt eine Auswahl von Buchstaben und Buchstabenkombinationen vor. Die Teilnehmer bilden dann aus dieser Vorgabe so viele Wörter wie möglich. Sie können aus Kombinationen auch einzelne Buchstaben zur Wortbildung verwenden. Groß- und Kleinschreibungsregeln bleiben unbeachtet. Nicht erlaubt ist die Bildung von Fremd- und/oder Fachwörtern.

Diese Übung kann sowohl in der Gesamtgruppe, in Kleingruppen als auch einzeln durchgeführt werden. Übrigens, auch die Not macht erfinderisch! Der Moderator kann ein Zeitlimit mit einer Mindestanzahl an gebildeten Wörtern aussprechen. Bei der Durchführung in Kleingruppen ist es ebenso möglich, den einzelnen Gruppen unterschiedliche Instruktionen zu geben, z.B.:

Gruppe A: Bilden Sie 30 Wörter, keine Zeitbegrenzung;

Gruppe B: Bilden Sie 30 Wörter in 5 Minuten;

Gruppe C: Bilden Sie so viele Wörter wie möglich, keine
Zeitbegrenzung.

Nach der Übung wird kurz über die unterschiedlichen Erfahrungen der Gruppen gesprochen. Wie haben die Gruppen die Situation unter dem Aspekt der jeweiligen Instruktion erlebt? Wo gab es Schwierigkeiten? Was fiel leicht? usw.

Material:

Sie brauchen für diese Übung einen „Buchstabensalat" und ausreichend Papier und Stifte für die Teilnehmer. Die Übung dauert ca. 20 Minuten.

Fixpunkte

Dies ist eine Übung, bei der die Teilnehmer aus einer Buchstabenkombination mehrere Sätze bilden. Je ungewöhnlicher und absurder der Inhalt der Sätze, desto mehr Spaß macht die Übung.

Durchführung:

Der Moderator gibt mehrere Kombinationen von Buchstaben vor. Die Teilnehmer bilden nun zu den unterschiedlichen Buchstabenkombinationen jeweils vier Sätze.

Material:

Für diese Übung sind vorbereitete Buchstabenkombinationen, Schreibmaterial und genügend Papier für die Teilnehmer notwendig. Benötigt werden ca. 15 Minuten.

Beispiele:

Mein...........	Nilpferd	Kann...........	Immer.........	Grinsen.........
M...............	N................	K................	I................	G................
....	....	....	....	....
....	....	....	....	....

Veilchen	Machen........	Frauen.........	Immer.........	Alt................
V................	M................	F................	I................	A................
....	....	....	....	....
....	....	....	....	....

Maluma und Takete

In dieser Übung trainieren die Teilnehmer ihre Vorstellungskraft und Spontaneität. Die Übung fördert eine gelassene, lustige Atmosphäre und kann deshalb auch als Auflockerungsübung eingesetzt werden.

Durchführung:
Erster Schritt:
Der Moderator zeigt zunächst zwei unterschiedliche Zeichnungen. Die Teilnehmer achten dabei auf die Eigenschaften der Zeichnungen. Dann entscheiden sie: Welche Zeichnung ist „Takete", welche ist „Maluma"?

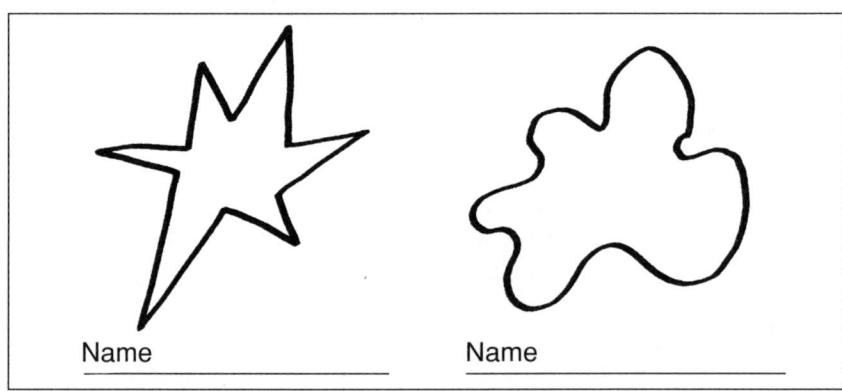

Name _____   Name _____

Im weiteren Schritt erfolgt die Klärung:

▨ Zu welchem Zeichen gehört der Name?
Babalu
Slibirr
Olomo
Kuaplat?

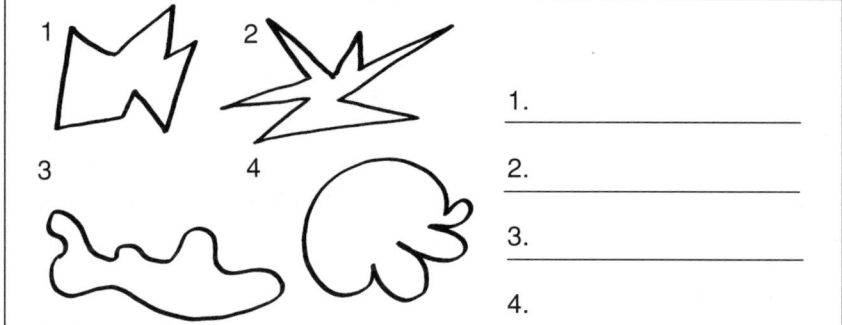

1. _____

2. _____

3. _____

4.

▨ Geben Sie diesen Zeichen Namen:

1. _____

2. _____

3. _____

4.

▨ Welche Zeichen passen zu den Namen
Siebeltri Dinkiele   Ando Standell
Dremelga Loff   Fallote Pet
Okot Ebeni   Sakant Wamm?

Lassen Sie sich etwas einfallen:

159

Im abschließenden Schritt arbeiten die Teilnehmer paarweise zusammen. Ca. 10 Minuten lang erfinden die Paare einfache Zeichen und dann deren Namen, oder umgekehrt.

Material:
Der Moderator benötigt unterschiedliche Zeichnungen (Maluma, Takete) sowie ausreichend Papier und Stifte für die Teilnehmer. Die Übung dauert ca. 25 – 30 Minuten.

Spielschaum

Diese Übung ist eine Möglichkeit, aus Altbekanntem etwas Neues zu schaffen.

Durchführung:
Die Teilnehmer bilden Dreier- oder Vierergruppen und ziehen sich dann zurück, um neue und ausgefallene Wortkombinationen auszudenken (z.B. Reißwecker, Spielschaum, Topffächer usw.). Diese schreiben sie dann auf kleine Zettel. So entsteht eine Reihe von ganz unterschiedlichen Begriffen.
Nun werden die Zettel unter den Gruppen ausgetauscht. Die neue Anweisung des Moderators lautet, originelle Beschreibungen für die neuen Wortgebilde zu finden. In einer anschließenden Runde werden die erarbeiteten Beschreibungen inklusive Wort erläutert.

Beispiel:
Topffächer – ein Fächer rund um den Kochtopf, der verhindert, daß überkochendes Essen auf den Herd läuft.
Spielschaum – ein Indikator für Spielqualität als Spray. Es wird auf das Spiel gesprüht, gute Spiele beginnen zu duften, schlechte Spiele beginnen zu stinken.

Material:
Es werden Papier und Stifte benötigt. Planen Sie für diese Übung ca. 15 Minuten ein.

Nonsens-Debatte

Diese Übung öffnet den Zugang zu ungewöhnlichen Denkmustern. Sie fördert Spontaneität und Phantasie. Die Atmosphäre sollte entspannt und angstfrei sein. Die Teilnehmer sollten wissen, daß sie sich nicht blamieren können.

Durchführung:
Auf Zuruf werden lustige, unsinnige Thesen/Fragen gesammelt. In einer Bewertungsphase wählt die Gruppe die aus, die sie besprechen möchte. Der Moderator kann auch eigene Fragen/Thesen vorgeben. Außerdem hat er eine Karte mit „Ja" und eine Karte mit „Nein" in der Hand. Je nachdem, welche Karte der Moderator gerade hochhält, sammelt die Gruppe gemeinsam (evtl. reihum) Gründe für oder gegen die These. Jeder Teilnehmer sollte mindestens einmal zu Wort kommen. Während der Argumentation wechselt der Moderator 2 – 3 mal die Karte (Antwortrichtung). Weiß ein Teilnehmer nicht weiter, gibt er das Wort ab. Länger als ca. 20 Minuten sollte diese Übung nicht dauern.

Beispiele für Nonsens-Themen:
■ Muß es einen Telefonhörer für Linkshänder geben?
■ Sollten Kühe (Moderatoren) rosarote Brillen tragen?
■ Muß eine moderne Klofrau Ballistik studiert haben?

Was wäre, wenn...

Jeder kennt diese Frage. Häufig stellt man sie sich bei Alltagsproblemen: „Was wäre, wenn ich eine Million im Lotto gewänne?", „Was wäre, wenn ich morgen blau machte?" usw. Wir versuchen, uns die Antworten auf diese Fragen gedanklich vorzustellen. Sie regen unsere Phantasie an. Es wird deutlich, daß das Denken nicht auf das Reale und die Gegenwart beschränkt ist. Wir können so z.B. die Zukunft vorwegnehmen und Ideen hervorbringen, die wahrlich nicht „von dieser Welt" sind.
Um diese einfache Fragestellung in einem Kreativitätstraining zu nutzen, sind zwei Schritte notwendig:

Schritt 1:
Fragen Sie einfach „Was wäre, wenn..." und beenden die Frage mit irgendeiner, den realen Tatsachen widersprechenden Bedingung, Vorstellung oder Situation. Die Frage kann alles betreffen.

Schritt 2:
Die Beantwortung dieser Frage: In der Beantwortung können die Teilnehmer alle erlernten Regeln, Voraussetzungen und Annahmen zeitweilig aussetzen. So entsteht ein Nährboden für ungewöhnliche, phantasievolle Ideen.

Beispiele:
■ Was wäre, wenn es regnete und die Straße würde nicht naß?
■ Was wäre, wenn es kein Zeitmaß mehr gäbe?
■ Was wäre, wenn die Menschen fliegen könnten?

Insgesamt werden für diese Übung 15 – 20 Minuten veranschlagt.

Literaturhinweise

Diese Literaturliste enthält sowohl diejenige Literatur, auf die wir uns bei unserer Arbeit gestützt haben, wie auch neuere Erscheinungen zu dem Bereich Kreativitätstechniken. Wir haben uns dazu entschlossen, neuere Erscheinungen zu Kreativitätstechniken aufzunehmen, weil die von uns verwendete Literatur meist vergriffen ist. Die Aufnahme einer Neuerscheinung besagt nichts über deren Qualität, sie dient lediglich der Information.

D. Audehm:
Kreativitätstechniken. Systematik der Ideenfindung, Düsseldorf 1991

R. Berth:
Management zwischen Vision und Mittelmäßigkeit. Schöpferische Produkt- und Firmenpolitik durch Marktfeldanalyse und Kreativtechnik, Stuttgart 1981

G. Beyer:
Creatives Lernen, Düsseldorf/Wien 1978

E. de Bono:
Laterales Denken, Reinbek 1971

R. Birkefeld:
Kreativitätsmethoden. Methoden der Ideenfindung im modernen Management, Hamburg 1991

V. Bugdahl
Kreatives Problemlösen, Würzburg 1991

M. Camain/W. Voigt:
Wie man mit Analogien gute Ideen findet, erfolgreich improvisiert und überzeugend argumentiert, Reinbek 1978

C. Facaoarn:
Kreativität in Wissenschaft und Technik. Operationalisierung von Problemlösefähigkeiten und kognitiven Stilen, Bern 1985

R. Fabian:
Bessere Lösungen finden – Kreativität ist unsere einzige Chance,
Freiburg im Breisgau 1977

R. Fischer:
Denk- und Kreativitätstraining, Ehningen 1983

H. Franke:
Problemlösen und Kreativität, Aspermühle 1980

I. Greiter:
Kreativität in der Praxis, Thaur 1991

H. Haller:
Technik der schöpferischen Arbeit, 1982

W. Harmann/H. Rheingold:
Die Kunst, kreativ zu sein, Bergisch-Gladbach o. J.

H. G. Heimbrock:
Spielräume. Kreativität im Horizont des christlichen Glaubens, Neu-
kirchen-Vluyn 1983

H. Hentze/Klaus D. Müller/H. Schlicksupp:
Praxis der Managementtechniken, München 1983

H. Hoffmann:
Kreativitätstechniken für Manager, Landsberg 1987

W. Kirst/U. Diekmeyer:
Creativitätstraining, Reinbek 1977

K. Linneweh:
Kreatives Denken – Techniken und Organisation produktiver
Kreativität, Rheinzabern 1984

A. Musiol:
Präsentations- und Kreativitätstechniken, Neuler-Ramsenstrut 1981

W. Niggemann:
Praxis der Erwachsenenbildung, Freiburg im Breisgau 1975

K. P. Oberlin:
Erfolg durch Kreativität. So entwickeln Sie schöpferische Ideen, Genf o.J.

D. N. Perkins:
Der zündende Funken. Jeder ist kreativ. Berlin 1984

S. Preiser:
Kreativitätsforschung, Darmstadt 1986

F. H. Quiske, St. J. Skirl, G. Spiess:
Arbeit im Team, Reinbek 1979

H. Sand:
Neue Methoden zum kreativen Denken und Arbeiten, Kissing 1979

H. Schlicksupp:
Kreative Ideenfindung in der Unternehmung, Berlin/New York 1977

H. Schlicksupp:
Innovation, Kreativität und Ideenfindung, Würzburg 1991

C. Schneider:
Auf der Suche nach der begehrten Kreativität – Psychologie im Dienst
der beruflichen Weiterbildung, FAZ vom 12. Dezember 1987, S. 35

R. von Oech:
Denkanstoß – Ein Kreativitätsworkshop, München 1992

T. Werneck, F. Ullmann:
Moderne Arbeitstechnik 1975

J. Wiegand:
Kreativitätsförderung, Soest 1988

M. W. Wilkes:
Kreativität ist Kribbeln im Kopf, München 1984, Goldmann 10942

Zuordnung der Literatur zu den einzelnen Methoden:

Brainstorming:

H. San : Neue Methoden zum kreativen Denken und Arbeiten
W. Niggemann: Praxis der Erwachsenenbildung

Methode 6-3-5 (Brainwriting):

H. Sand: Neue Methoden zum kreativen Denken und Arbeiten, Seite 53 ff.

Imaginäres Brainstorming:

M. W. Wilkes: Kreativität ist Kribbeln im Kopf
H. Sand: Neue Methoden zum kreativen Denken und Arbeiten

Destruktiv-konstruktives Brainstorming:

M. W. Wilkes: Kreativität ist Kribbeln im Kopf
H. Sand: Neue Methoden zum kreativen Denken und Arbeiten

Klassische Synektik:

H. Sand: Neue Methoden zum kreativen Denken und Arbeiten
H. Schlicksupp : Kreative Ideenfindung in der Unternehmung
M. Cannain u. W. Voig : Kühles Denken

Visuelle Synektik:

H. Sand: Neue Methoden zum kreativen Denken und Arbeiten
H. Schlicksupp: Kreative Ideenfindung in der Unternehmung

Bisoziation:

Fr. H. Quiske, St. J. Skirl u.G. Spiess: Arbeit im Team

Analogietechnik:

M. Cannain u.W. Voig: Kühles Denken
F. H. Quiske, H. J. Skirl u. G. Spiess: Arbeit im Team
H. Sand: Neue Methoden zum kreativen Denken und Arbeiten

Superposition:

H. Sand: Neue Methoden zum kreativen Denken und Arbeiten
H. Schlicksupp : Kreative Ideenfindung in der Unternehmung
M. W. Wilkes: Kreativität ist Kribbeln im Kopf

Lexikon-Methode:

166 H. Sand: Neue Methoden zum kreativen Denken und Arbeiten

Katalog-Technik:

H. Sand: Neue Methoden zum kreativen Denken und Arbeiten

Force-Fit-Spiel:

H. Sand: Neue Methoden zum kreativen Denken und Arbeiten
H. Schlicksupp: Kreative Ideenfindung in der Unternehmung

Semantische Intuition:

H. Sand: Neue Methoden zum kreativen Denken und Arbeiten
H. Schlicksupp : Kreative Ideenfindung in der Unternehmung
G. Beyer: Creatives Lernen

Osborne-Checkliste:

M. W. Wilkes: Kreativität ist Kribbeln im Kopf
S. Preiser: Kreativitätsforschung
H. Sand: Neue Methoden zum kreativen Denken und Arbeiten
H. Schlicksupp : Kreative Ideenfindung in der Unternehmung
T. Werneck, F. Ullmann: Moderne Arbeitsmethodik

Stopp-Technik:

G. Beyer: Creatives Lernen

Kopfstand-Technik:

E. de Bono: Laterales Denken
H. Sand: Neue Methoden zum kreativen Denken und Arbeiten
F. H. Quiske,
S. J. Skirl, G. Spiess: Kreative Arbeit im Team
G. Beyer: Creatives Lernen

Nebenfeldintegration:

H. Sand: Neue Methoden zum kreativen Denken und Arbeiten
H. Schlicksupp : Kreative Ideenfindung in der Unternehmung

Identifikation:

H. Sand: Neue Methoden zum kreativen Denken und Arbeiten
G. Beyer: Creatives Lernen

Literaturverzeichnis der beschriebenen Übungen

Bambeck, J.J.; Wolters, A.:
Brain Power
F. A. Herbig Verlag, München

Dierichs, J.; Helmes,B.; Schrader, E.; Straub, W.G.:
Workbook
Windmühle GmbH, Hamburg

Fatzer, Gerhard:
Ganzheitliches Lernen
Junfermann Verlag, Paderborn

Gudjons, Herbert:
Spielbuch Interaktionserziehung
Kösel Verlag, München

Kirst, Werner; Diekmeyer, Ulrich:
Creativitätstraining
Rowohlt Verlag, Reinbek

Portmann, Rosemarie; Schneider, Elisabeth:
Spiele zur Entspannung und Konzentration
Don Bosco Verlag, München

v. Oech, Roger: Denkanstoß
Hugendubel Verlag, München

Röschmann, Doris:
111 x Spaß am Abend
Windmühle GmbH, Hamburg

Vopel, Klaus W.:
Störungen, Blockaden, Krisen
Isko Press, Salzhausen

Zdenek, Marilee:
Der kreative Prozeß
Synchron Verlag, Berlin

Regeln und Training der Ideenfindung:
Neue Kreativitätstechniken für Fortgeschrittene;
Wilhelm Heyne Verlag, München

Zu den Autoren

Otto Georg Wack

Diplom-Pädagoge. Ich studierte in Köln, Hamburg, Bochum und Wuppertal Erziehungswissenschaften, Psychologie und Englisch auf Lehramt an Grund- und Hauptschulen. Nach dem Abschluß meines Studiums arbeitete ich an verschiedenen Schulen, Hochschulen und Volkshochschulen. Seit 1980 bin ich Referatsleiter für Didaktik, Methodik und Beratung in der Abteilung Weiterbildung des Landesinstitutes für Schule und Weiterbildung, Soest. Meine beruflichen Schwerpunkte heute sind: Methodik der Weiterbildung, Weiterbildungsberatung und Gesundheitsbildung.

Georg H. Detlinger

Geboren wurde ich am 10. Februar 1950. Mit 6 Jahren wurde ich dem Schularzt zwecks Einschulung vorgestellt. Mit der Diagnose: „zu verspielt" wollte der mich noch ein Jahr aus der Schule raushalten. Meine Eltern entschieden jedoch für mich, daß der Ernst des Lebens zu beginnen habe. So brachte ich sehr geradlinig meine Schullaufbahn hinter mich, mit dem Zeugnis der Reife wurde dann endgültig bestätigt, daß ich das Spiel erfolgreich in den privaten Bereich verbannt hatte. Erste Schlangenlinien gab es während des Studiums, ich wechselte nicht nur das Fach, sondern auch den Ort. 1977 wurde ich nach abgeschlossener Prüfung Diplom-Pädagoge.

1985 kam ich durch ein Seminar am Landesinstitut für Schule und Weiterbildung in Soest mit den Methoden der kreativen Ideenfindung in Kontakt. Hier fand ich eine Verbindung von ernstem Bemühen und spielerischem Umgang bei der Bearbeitung von Fragen und Problemen. Damit fand das Spiel wieder Eingang in meine berufliche Sphäre.

Hildegard Grothoff-Trendel

Geboren 1954 in Gelsenkirchen. Ich lebte nach dem Abitur 1974 sechs Jahre in Münster. Dort studierte ich die Fächer Geschichte und Sozialwissenschaften an der Westfälischen Wilhelms-Universität und schloß 1980 das Studium mit dem Ersten Staatsexamen für das Lehramt am Gymnasium ab. Das Referendariat absolvierte ich von 1980 bis 1982 in Recklinghausen.

Anschließend war ich in verschiedenen Arbeitsfeldern der Erwachsenenbildung tätig. In diesem Zusammenhang nahm ich 1986 an einem Seminar „Kreative Problemlösungen in der Weiterbildung" am Landesinstitut für Schule und Weiterbildung in Soest teil. Seitdem ist dieser Bereich ein wesentliches Element sowohl meiner beruflichen Arbeit als auch meines persönlichen Interesses.

Heute lebe ich in Unna/Westfalen. Mein beruflicher Schwerpunkt ist die Bildungsarbeit mit und für ältere Menschen.

Diese Bücher qualifizieren Trainer und Seminarleiter

Einhard Schrader (Hrsg.)
DIE ERSTEN TAGE IM BERTIEB
Einführungsveranstaltungen für Auszubildende.
Fallbeispiele aus Industrie, Verwaltung, Handel
Überarb. und erw. Neuaufl.,
ca. 200 S., zahlr. Abb.,
ca. 40–DM, 295.–öS, 38.– sFr
ISBN 3-922789-70-6

Rolf Rüttinger,
Reinhold Kruppa
ÜBUNGEN ZUR TRANSAKTIONSANALYSE
Praxis der Transaktionsanalyse in Beruf und Organisationen
Mit über 250 Übungen zur TA
166 Seiten,
39.– DM, 285.– öS, 36.– sFr
ISBN 3-922789-29-3

Doris Röschmann
111 x SPASS AM ABEND
Heitere Spiele zur Auflockerung von Teilnehmern in Seminaren, Kursen und Freizeiten
Überarbeitete Neuauflage,
169 Seiten, zahlr. Abb.,
28.– DM, 204.– öS, 26.– sFr
ISBN 3-922789-72-2

Karl Köhl
SEMINAR FÜR TRAINER
Das Situative Lehrtraining.
Trainer lernen lehren
Überarb. Neuauflage,
175 Seiten, geb.,
42.– DM, 307.– öS, 39.– sFr
ISBN 3-922789-60-9

Hermann Weber (Hrsg.)
LITERATUR FÜR DIE AUS - UND WEITERBILDUNG IN ORGANISATIONEN
Wichtige Fachbücher für Management, Training und Weiterbildung.
Mit Kurzrezensionen
5. Ausgabe,
338 Seiten, TB,
16.80DM, 123.–öS, 16.80 sFr
ISBN 3-922789-69-2

O. G. Wack, G. Detlinger,
H. Grothoff
KREATIV SEIN KANN JEDER
Kreativitätstechniken für Leiter von Projektgruppen, Arbeitsteams, Workshops und Seminaren. Ein Handbuch zum Problemlösen.
Überarbeitete Neuauflage,
159 Seiten, zahlr. Abb., geb.,
48.– DM, 350.– öS, 44.50 sFr
ISBN 3-922789-42-0

J. Dierichs, B. Helmes,
E. Schrader, W.G. Straub
WORKBOOK
Ein Methoden-Angebot als Anleitung zum aktiven Gestalten von Lern- und Arbeitsprozessen in Gruppen
520 Seiten, 4 Ringmechaniken, extra geb. Leitfaden, attraktiver Kunststoffordner,
198.–DM, 1445.–öS, 176.–sFr
ISBN 3-922789-12-9

Band 1
Hermann Weber
Doris Röschmann
ARBEITSKATALOG DER ÜBUNGEN UND SPIELE
Ein Verzeichnis von über 800 Gruppenübungen und Rollenspielen
852 Seiten, geb., mit ausklappbarem Faltblatt,
98.– DM, 715.– öS, 89.– sFr
ISBN 3-922789-65-X

Band 2
Doris Röschmann
ARBEITSKATALOG DER ÜBUNGEN UND SPIELE
Ein Verzeichnis von 500 Gruppenübungen und Rollenspielen
Hrsg. Hermann Weber
ca. 625 Seiten, geb.,
ca. 68.–DM, 496.–öS, 62.–sFr
ISBN 3-922789-67-6

I. Brenner, H. Clausing,
M. Kura, B. Schulz,
H. Weber
DAS PÄDAGOGISCHE ROLLENSPIEL IN DER BETRIEBLICHEN PRAXIS
Konflikte bearbeiten
386 S., zahlr. Abb., geb.,
59.– DM, 431.– öS, 53.50 sFr
ISBN 3-922789-59-5

Dave Francis, Don Young
MEHR ERFOLG IM TEAM
Ein Trainingsprogramm mit 46 Übungen zur Verbesserung der Leistungsfähigkeiten in Arbeitsgruppen
275 S., zahlr. Abb., Checklisten und Tabellen, geb.,
68.– DM, 496.– öS, 62.– sFr
ISBN 3-922789-64-1

Klaus Lumma
DIE TEAMFIBEL
oder das Einmaleins der Gruppenqualifizierung im sozialen und betrieblichen Bereich.
215 S., zahlr. Abb., Tafeln, Checklisten, Übungen und Arbeitsblätter, geb.,
68.– DM, 496.– öS, 62.– sFr
ISBN 3-922789-54-4

Klaus Lumma
STRATEGIEN DER KONFLIKTLÖSUNG
Betriebliches Verhaltenstraining in Theorie und Praxis.
Mit 4 Seminarbeispielen
301 Seiten, geb.,
59.– DM, 431.– öS, 53.50 sFr
ISBN 3-922789-27-7

Windmühle GmbH Verlag und Vertrieb von Medien · Postfach 551080 · 22570 Hamburg · Tel 040-86 83 07 · Fax 040-86 63 123

Ein Seminar für Fach- und Führungskräfte aller Bereiche, Projekt- und Teamleiter, Personalentwickler und Trainer.

Kreativ sein kann jeder

Problemlösungstechniken mit großer Wirkung

kreativ sein kann jeder

Gute Ideen sind kein Zufall, Kreativität steckt in jedem – nur wird sie im betrieblichen Alltag viel zu selten nutzbringend eingesetzt. Wie man Kreativität bewußt nutzt, mit welchen Methoden Sie bei Sitzungen, Konferenzen, in Projekt- und Teamarbeit Kreativität fördern und Denkblockaden lösen können, wie Sie das eigene Wissenspotential oder das einer Arbeitsgruppe ausschöpfen, das lernen Sie in diesem Seminar.

Das Seminar

■ Das Umwegprinzip oder Kreativität erlernbar machen.

■ Der Einsatz von Kreativmethoden: Einführungsklippen und -strategien, Kreativitätsspiele für Ernsthafte.

■ Die Methoden der Kreativität: Eigene Fallbeispiele und spannende Wege zu neuen Ideen, überraschenden Problemlösungen, systematischen Entwicklungen.

■ Die Kunst der Problemformulierung: Wie werden Probleme sorgfältig geklärt und definiert? Welche Rolle spielen dabei öffnende Fragen?

■ Die Phasen der kreativen Ideenfindung: Was sind ihre Besonderheiten, und welche Vorgehensweisen sind sinnvoll, um den Kreativfluß zu fördern? Was sind Killerphrasen?

■ Die Bewertung und Bearbeitung von Ideen: Warum ist das wichtig, und welche Methoden gibt es?

Referent
Otto Georg Wack,
Diplom-Pädagoge, Trainer und Berater

Fragen Sie nach Einzelheiten zu unserem Seminarprogramm.

Windmühle GmbH Verlag und Vertrieb von Medien · Postfach 551080 · 22570 Hamburg · Tel 040-86 83 07 · Fax 040-86 63 123